DRAGONES CHINOS

Todo lo que querías saber

LIBSA

© 2026, Editorial LIBSA
C/ Puerto de Navacerrada, 88
28935 Móstoles. Madrid
Tel. (34) 91 657 25 80
e-mail: libsa@libsa.es
www.libsa.es

ISBN: 978-84-662-4514-2

Título original: *The Chinese Loong. An Encyclopedia of Chinese Loongs.*

Traducción: María Herrero Prado

Esta es una traducción autorizada de la edición china titulada
东方有龙：一本关于中国龙的百科书
publicada por Publishing House of Electronics Industry Co, Ltd a través de la Agencia literaria Anna-Mo.

DL: M-14569-2025

PRÓLOGO

A lo largo de los siglos, el pueblo chino se ha referido a sí mismo como «descendientes del dragón» y ha considerado su cultura como «cultura del dragón». Esto demuestra que el dragón ocupa un lugar insustituible en la cultura tradicional china. Los dragones chinos representan el respeto de esta nación por el mundo natural y la integración y convivencia de diversas culturas. A su vez, esto constituye la base de la gran cohesión, creatividad infinita y vitalidad inagotable de China, por lo que el dragón es un símbolo destacado de la misma.

Por ello, hemos creado la serie de libros *Símbolos chinos* con el propósito de preservar y difundir la cultura china. Son tesoros invaluables para China y para el mundo, una forma de belleza única, imposible de copiar o superar, que impregna cada rincón de nuestra vida. En esta serie, ayudaremos a apreciar el encanto de la cultura china, ampliar el conocimiento sobre ella y descubrir nuevas perspectivas sorprendentes. El primer libro de la serie, *Panda*, vendió decenas de miles de ejemplares y recibió elogios y recomendaciones de sus lectores.

El segundo libro de la serie, *Dragones chinos*, no es solo un libro, sino un viaje cultural. Para nosotros, el dragón es a la vez familiar y enigmático, cercano y misterioso. Nos resulta familiar y cercano porque su cultura ha recorrido nuestra historia durante cinco mil años. Desde la infancia, hemos escuchado todo tipo de mitos y leyendas sobre él, y su imagen ha penetrado en todos los ámbitos de la vida social. Sin embargo, nos resulta desconocido y enigmático porque nadie ha visto uno en la realidad y, si nos preguntaran cómo es exactamente un dragón chino, quizá no podríamos responder de inmediato.

Para ayudar en esta tarea, hemos creado un libro infantil que guía a los más pequeños en el aprendizaje de la cultura del dragón, permitiéndoles formar gradualmente una imagen de China en sus corazones y construir puentes entre niños de todo el mundo.

Si te preguntaran cómo es un dragón chino, ¿qué responderías? ¿Sientes curiosidad por ellos? En este libro, partiremos de una leyenda de hace 8 000 años y construiremos un sistema de conocimiento completo sobre ellos. La obra recorre su cambiante morfología, los secretos de su linaje ininterrumpido y mapas de su presencia a lo largo del tiempo. Además de introducir el dragón chino, se abordan aspectos de la cultura moderna, como la arquitectura, los objetos culturales, las festividades, el zodiaco y la literatura. Con este libro, esperamos que los lectores sientan el encanto único y la importancia de la cultura del dragón, y que puedan heredar el espíritu de este antepasado del dragón.

Este libro ha sido creado por el equipo Shangshang y combina una redacción y edición meticulosas con ilustraciones originales y detalladas, pintadas a mano con esmero para ofrecer a los lectores un libro digno de ser atesorado. Como parte de la serie *Símbolos chinos*, el que tenemos en nuestras manos documenta y transmite la cultura tradicional china, asumiendo la misión de compartirla con el mundo. Esperamos que despierte tu interés y que pronto tengas otro de nuestros libros.

Song Chao
Julio 2024

CONTENIDO

Un animal auspicioso

El dragón chino es una criatura misteriosa y poderosa que simboliza la buena fortuna y la prosperidad. No es un monstruo, sino una bestia sagrada. Además, tiene un lado benevolente, capaz de despejar las nubes y asegurar el éxito de los agricultores.

Dragones misteriosos

¿Cómo imaginas a un dragón? Algunos creen que es una bestia gigantesca que habita en las montañas, capaz de agitar las nubes y desatar tormentas. Otros lo ven como una criatura enigmática que sobrevuela los campos de arroz, ayudando a los agricultores a obtener buenas cosechas. La imagen del dragón varía, pero siempre despierta curiosidad y admiración, invitándonos a descubrir sus secretos.

El legado de la cultura del dragón

La nación china, descendiente del dragón, encarna distintos aspectos de su espíritu, un vínculo que une a millones de personas. La cultura del dragón se ha transmitido de generación en generación y se ha expandido por el mundo a través de la diáspora china.

LOS SECRETOS DEL NACIMIENTO DEL DRAGÓN CHINO

Los dragones chinos son criaturas míticas creadas por los antiguos ancestros chinos, y su historia se remonta al Neolítico, hace más de 8 000 años. En aquel tiempo, nuestros antepasados podían llevar a cabo una producción simple: sabían hacer y usar fuego con destreza, habían aprendido a construir casas sencillas de madera, podían pulir herramientas de piedra y hueso, y eran capaces de modelar cerámica a mano.

La leyenda del dragón de 8 000 años

Durante el período Neolítico, las personas, limitadas por sus condiciones y el desarrollo de su pensamiento, temían aquello que no podían explicar, lo que los llevaba a sentir reverencia y adoración.

Ya no se conformaban con vivir en chozas de paja o barro, por lo que comenzaron a construir viviendas con materiales como madera, piedra y ladrillos de adobe. Estas casas no solo eran más bellas, sino que también tenían una estructura más resistente, capaz de soportar el viento, la lluvia y el frío.

Los primeros humanos usaban el fuego para calentarse y cocinar alimentos o ahuyentar a los animales salvajes. La luz que proyectaba les daba calor, seguridad y esperanza en la oscuridad.

En ese periodo Neolítico, las personas afilaban y tallaban piedras para fabricar herramientas y utilizaban huesos de animales para hacer agujas y otros objetos. También moldeaban cerámica con arcilla, lo que demostraba su ingenio y creatividad.

Se creía que los dragones chinos eran criaturas poderosas y escamosas capaces de volar y controlar el mundo natural. Se les consideraba sagrados y se pensaba que podían proteger y bendecir a las personas, por lo que pintaban su imagen en las paredes de las cuevas y en artefactos para atraer la buena suerte y garantizar cosechas prósperas.

Los diversos orígenes de las criaturas misteriosas

¿Por qué las serpientes resultan inquietantes? ¿Por qué los cocodrilos son tan feroces? ¿Por qué los pájaros desaparecen antes del invierno? ¿De dónde vienen las nubes? ¿Por qué retumba el trueno y cae la lluvia? Los antiguos se hacían estas preguntas y, al no hallar respuestas, creían que un dios controlaba todos estos fenómenos. Se imaginaban a este dios como un ser versátil, de tamaño y color cambiantes, con un cuerpo curvado capaz de volar y nadar. Poseía rasgos de distintas criaturas acuáticas, tenía una estrecha relación con el agua de lluvia y su influencia se extendía a la vida cotidiana de las personas. A este ser lo llamaron dragón.

1 Leyendas sobre animales

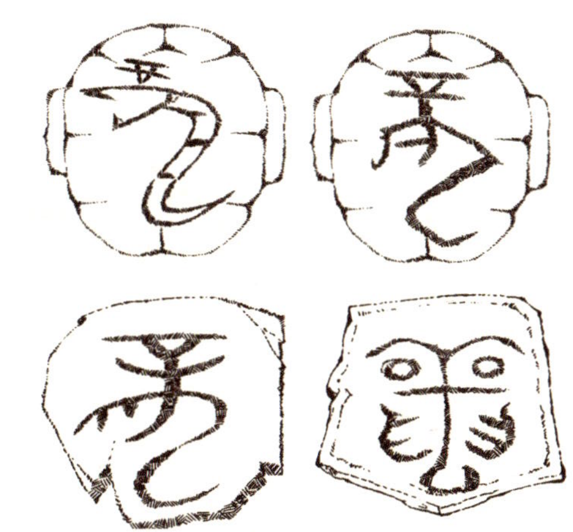

Los antiguos crearon seres misteriosos como los dragones chinos combinando las apariencias y hábitos de toros, serpientes, águilas, cocodrilos, ciervos y otros animales con sus propios miedos, dudas e imaginación. Así expresaban su respeto al tiempo que mantenían cierta distancia.

En la antigüedad, los caracteres chinos se creaban a menudo a partir de formas visuales. Así, los caracteres con apariencia de serpiente o cocodrilo se solían usar para representar a los dragones, reflejando la percepción e imaginación que las personas tenían sobre ellos.

2 Interpretación astrológica

Dividieron las estrellas del sur en 28 constelaciones, de las cuales siete, situadas en el Palacio del Este, formaban la figura de un dragón. De la cabeza a la cola, estas estrellas eran: el Cuerno, el Cuello, la Raíz, la Habitación, el Corazón, la Cola y la Criba.

3 Análisis de los fenómenos naturales

En momentos difíciles, cuando las nubes se acumulaban, el viento se levantaba, los relámpagos brillaban y los truenos resonaban, los antiguos expresaban un sentimiento de temor y reverencia, creyendo que la misteriosa criatura conocida como dragón había aparecido.

4 Tótems

Durante el Neolítico, los humanos vivían en tribus. Debido a la escasez de recursos, a menudo surgían conflictos y guerras entre ellas. Para distinguirse y protegerse, las tribus crearon tótems como símbolos de identidad. Al principio, estos tótems representaban animales reales. Por ejemplo, el clan Xuanyuan, en el sureste de China, tenía como tótem a la serpiente.

Con el tiempo, a medida que el clan Xuanyuan conquistaba otras tribus, integraba sus tótems en el suyo propio, volviéndolo cada vez más complejo y misterioso. Así, la serpiente del clan Xuanyuan evolucionó hasta convertirse en el dragón.

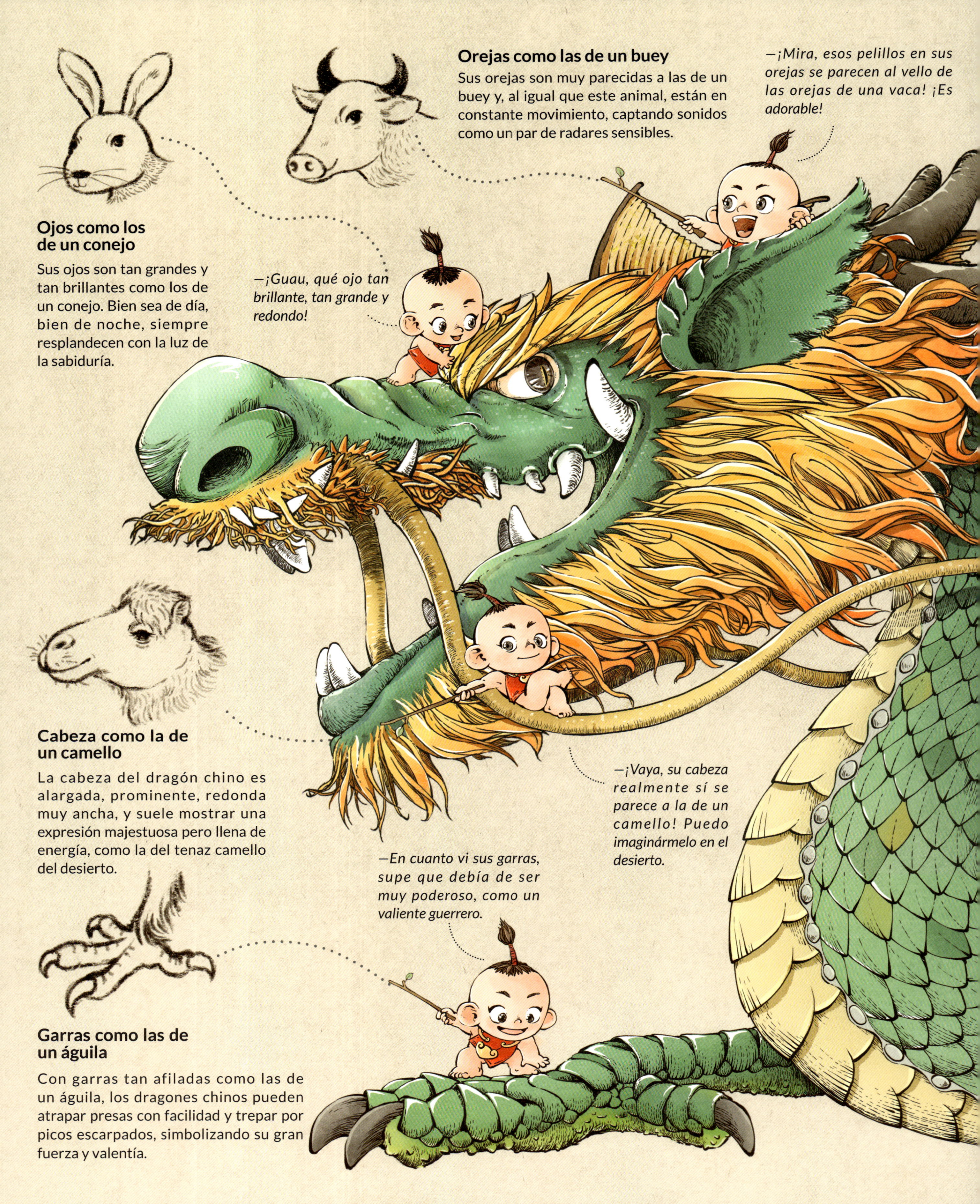
Orejas como las de un buey
Sus orejas son muy parecidas a las de un buey y, al igual que este animal, están en constante movimiento, captando sonidos como un par de radares sensibles.
—¡Mira, esos pelillos en sus orejas se parecen al vello de las orejas de una vaca! ¡Es adorable!
Ojos como los de un conejo
Sus ojos son tan grandes y tan brillantes como los de un conejo. Bien sea de día, bien de noche, siempre resplandecen con la luz de la sabiduría.
—¡Guau, qué ojo tan brillante, tan grande y redondo!
Cabeza como la de un camello
La cabeza del dragón chino es alargada, prominente, redonda muy ancha, y suele mostrar una expresión majestuosa pero llena de energía, como la del tenaz camello del desierto.
—¡Vaya, su cabeza realmente sí se parece a la de un camello! Puedo imaginármelo en el desierto.
—En cuanto vi sus garras, supe que debía de ser muy poderoso, como un valiente guerrero.
Garras como las de un águila
Con garras tan afiladas como las de un águila, los dragones chinos pueden atrapar presas con facilidad y trepar por picos escarpados, simbolizando su gran fuerza y valentía.

NO ES UN DRAGÓN CHINO, PERO SE PARECE

En la antigüedad, el dragón chino fue objeto de una profunda veneración, con la creencia de que aquellos que le rendían culto podían recibir sus bendiciones. Pero ¿existen criaturas reales que se asemejen a este mítico ser? La respuesta es afirmativa. Diversos animales comparten características que lo recuerdan: las serpientes, las salamandras gigantes, los ictiosaurios extintos y ciertos lagartos. La salamandra de cueva evoca la imagen de un dragón chino joven, mientras que los cocodrilos comparten ciertos hábitos con él. Además, las astas de los ciervos presentan una notable similitud con los cuernos de este ser legendario.

Cuernos como los de un ciervo

Sus cuernos son tan altos y afilados como los de un ciervo, símbolo de salud y longevidad. Tienen muchas ramificaciones y su superficie está cubierta de pequeñas protuberancias. Se cree que cuantos más cuernos tenga, más fuerte y saludable será el dragón chino.

Escamas como las de un pez

Su piel está cubierta de escamas como las de un pez, y cada una brilla con una luz multicolor. Estas escamas funcionan como una sólida armadura que le ayuda a defenderse de los ataques.

—¡Las escamas brillan! Son preciosas, pero también se sienten duras, como una armadura.

—¡Sus cuernos son tan largos que puedo columpiarme en ellos! ¡Es divertidísimo!

—¿Te imaginas tocar esas almohadillas gruesas? ¡Parecen tan resistentes!

Zarpa como la de un tigre

Su zarpa es tan fuerte como la de un tigre, con una sensación de solidez y poder. Ya sea cazando o trepando, sus poderosas patas le ayudan a cumplir su objetivo.

LA TEORÍA DE LAS NUEVE SIMILITUDES DEL DRAGÓN CHINO

Es un animal sobrenatural de la mitología china, puede cambiar de forma, provocar nubes y lluvia, y también ayudar a los humanos. Su apariencia combina las características de varios animales, y cada aspecto tiene un significado especial. Por ejemplo, sus cuernos son como los de un ciervo, lo que representa la longevidad; su cabeza es como la de un camello, simbolizando la perseverancia; sus orejas son como las de un buey, lo que indica liderazgo; sus ojos son como los de un conejo, reflejando sabiduría; su cuerpo es como el de una serpiente, representando flexibilidad; sus escamas son como las de un pez, actuando como protección; su vientre es como el de una almeja, evocando misterio; sus garras son como las de un águila, lo que simboliza valentía; y sus zarpas son como las de un tigre, reflejando tenacidad.

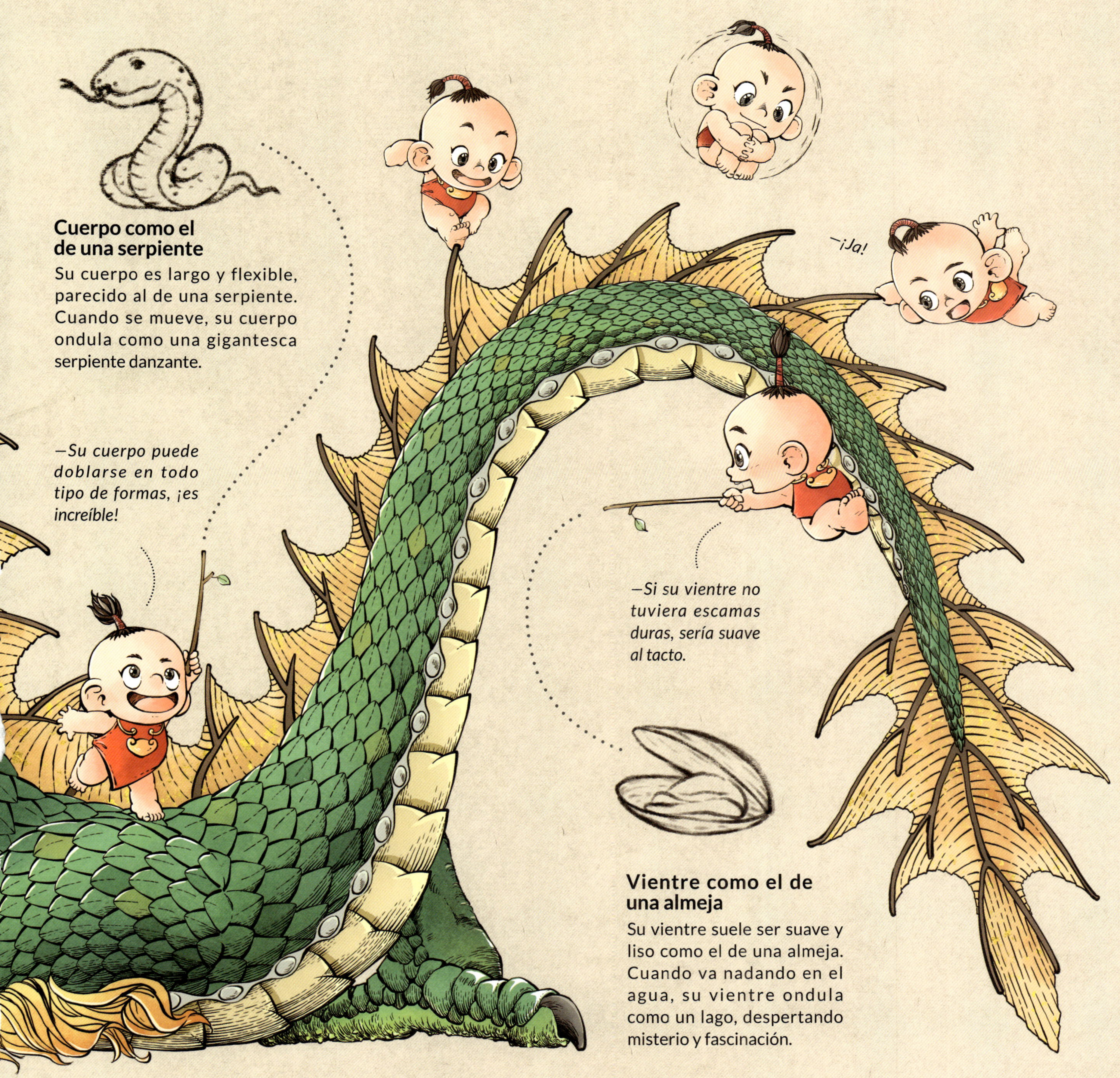

Cuerpo como el de una serpiente

Su cuerpo es largo y flexible, parecido al de una serpiente. Cuando se mueve, su cuerpo ondula como una gigantesca serpiente danzante.

—Su cuerpo puede doblarse en todo tipo de formas, ¡es increíble!

—Si su vientre no tuviera escamas duras, sería suave al tacto.

Vientre como el de una almeja

Su vientre suele ser suave y liso como el de una almeja. Cuando va nadando en el agua, su vientre ondula como un lago, despertando misterio y fascinación.

Durante el Neolítico, su patrón más común en las botellas de cerámica pintadas mostraba un reptil con los ojos orientados hacia adelante. Esta es una de sus primeras representaciones.

En la dinastía Shang, los patrones del dragón chino en las estatuas de bronce presentaban un cuerpo curvado, una cabeza más grande y cuernos que diferían de las representaciones modernas.

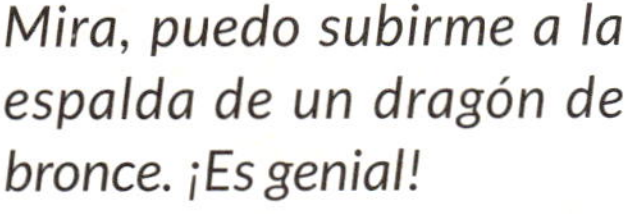

El dragón chino de bronce del periodo de Primavera y Otoño adoptaba una forma peculiar: presentaba dos largos dientes afilados, semejantes a los de un cocodrilo, y dos alas a los lados, lo que resaltaba su carácter dominante y severo.

En la dinastía de los Xianbei, del Sur y del Norte, en las hebillas de cinturón de jade blanco mostraban una cabeza estilizada, cuerpo esbelto y robusto, con el pelo flotando detrás y las extremidades extendidas, en una pose de vuelo majestuoso.

En la dinastía Tang, su patrón se volvió más complejo y variado, con ramas que crecían de sus cuernos, una cabeza larga y delgada, una mandíbula superior extendida y puntiaguda, y un cuerpo que podía ser tanto corto y robusto como delgado y alargado.

En la dinastía Song adquirió una belleza majestuosa y se caracterizó por las nueve similitudes. Desde entonces, su imagen no ha sufrido cambios significativos.

La forma del dragón chino evolucionó a lo largo de los períodos históricos, hasta que finalmente se consolidó con las características de las «nueve similitudes». Esta imagen magnífica, que se originó durante la dinastía Song del Norte gracias a la teoría propuesta por Guo Ruoxu en su obra *Imágenes y registros de noticias*, ha perdurado casi inalterada hasta nuestros días.

La evolución del dragón chino

1. Periodo Neolítico 
2. Dinastía Shang 
3. Periodo de Primavera y Otoño 
4. Dinastías del Sur y del Norte 
5. Dinastía Tang 
6. Dinastía Song 

❶ Serpientes

El cuerpo sinuoso de la serpiente se asemeja al del dragón chino, con una cabeza, tronco y cola cubiertos de escamas. Por esta razón, se les conoce como «mini dragones chinos».

❷ Salamandras gigantes

Las salamandras, que se cree descienden de los ictiosaurios, grandes reptiles marinos extintos, son criaturas de gran tamaño que emiten un sonido similar al llanto de un bebé. Sus cabezas son anchas y planas, y sus ojos pequeños contrastan con las enormes bocas.

❸ Lagartos

En tiempos de sequía, se creyó que los lagartos eran sus parientes. Se pensaba que, para invocar la lluvia, era necesario encontrar cuatro lagartos: dos en el agua y dos en tierra.

❹ Salamandras de cueva

Estas salamandras, con su cuerpo blanco, extremidades pequeñas, cuernos en la cabeza y piel lisa y sin color, presentan una imagen similar a la de un dragón chino joven. Sus branquias, en forma de plumas rojas, les permiten respirar bajo el agua, mientras que en tierra lo hacen por medio de pulmones.

❺ Cocodrilos

Los cocodrilos, al igual que los dragones chinos, comparten características en cuanto a su apariencia y hábitos. Ambos tienen bocas grandes, largas y poderosas colas, garras afiladas y están cubiertos de escamas. Además, ambos acechan en el agua, emiten sonidos aterradores e hibernan durante el invierno.

❻ Ciervos

Sus astas, que caen y vuelven a crecer anualmente, recuerdan la forma de los cuernos del dragón chino. Cuando brotan, están cubiertas por una capa sensible llamada terciopelo, que contiene terminaciones nerviosas y puede causar dolor intenso si se tocan.

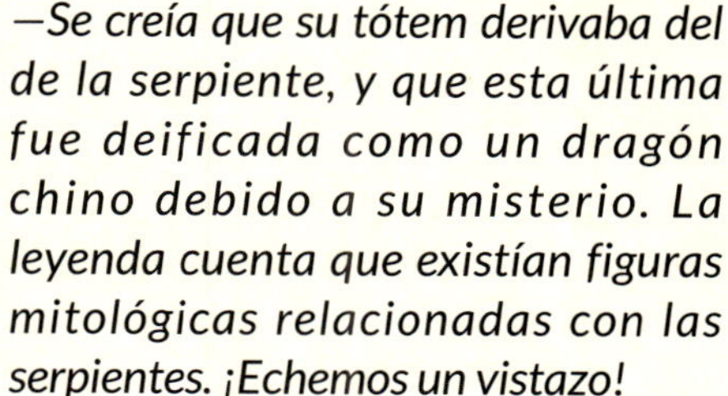

—Se creía que su tótem derivaba del de la serpiente, y que esta última fue deificada como un dragón chino debido a su misterio. La leyenda cuenta que existían figuras mitológicas relacionadas con las serpientes. ¡Echemos un vistazo!

Fuxi y Nuwa son un dios y una diosa con cabeza humana pero el cuerpo de serpiente. En la antigüedad veneraban a las deidades serpiente, y los tótems de serpiente eran una parte fundamental de la cultura tradicional china.

Fuxi

Fuxi, venerado como el ancestro de la nación china, es recordado por su sabiduría y méritos. Fue honrado como «el primero de los cien reyes» y «el primero de los tres emperadores».

Nuwa

Nuwa, hija de Huaxu, es la diosa ancestral de la humanidad, conocida por su habilidad para reparar el cielo, controlar las inundaciones y beneficiar a la humanidad.

LOS MISTERIOS DE SU HÁBITAT

Como una criatura divina capaz de ascender al cielo, descender al mar y controlar el viento y la lluvia, ¿dónde vive realmente el dragón chino? Se dice que habita en las nubes del cielo, en las cuevas de los bosques y en las profundidades del mar. Su presencia es difícil de detectar, y solo puede ser apreciada a través de leyendas y obras de arte. Su existencia despierta asombro, anhelo y curiosidad, encendiendo la imaginación de quienes se sienten atraídos por su mística.

Su territorio celeste

Gozan de un estatus elevado, simbolizando el poder y la gloria. Cubiertos con escamas doradas muy resistentes, y con largas y majestuosas colas, son venerados como los soberanos del clima, capaces de comandar y controlar las fuerzas de la naturaleza, incluidos el viento y la lluvia.

La maravilla de la cueva del dragón chino

Los terrestres son expertos en el arte del camuflaje, prefiriendo habitar en las cuevas de las montañas. Utilizan los colores protectores de sus cuerpos para integrarse con el entorno y pasar desapercibidos.

El mundo submarino del dragón chino

Los dragones chinos acuáticos, que residen en palacios sumergidos en las profundidades del mar, gobiernan las aguas. Algunos navegan los océanos, dirigiendo las corrientes, mientras que otros exhiben su majestad y fuerza al recorrer los ríos. También existen dragones chinos capaces de habitar en pozos, protegiendo esas fuentes de agua vitales.

EL DIVERSO MUNDO DE LOS DRAGONES CHINOS

¿Sabes cuántos subtipos de dragones chinos existen? Según la leyenda, pueden ser silenciosos o resplandecientes, cortos o largos, capaces de provocar el viento y la lluvia, gobernar los mares o mover montañas. Hay seis tipos principales: el Dragón Chino Hui, que no tiene cuernos; el Dragón Chino Qiu, más pequeño; el Dragón Chino Jiao, que puede volar; el viejo Dragón Chino con Cuernos; el divino Dragón Chino Ying y el supremo Dragón Chino Qing.

3 El Dragón Chino Jiao

Cubierto de escamas duras y con carne prominente en sus ojos y cejas, es capaz de provocar inundaciones.

6 El Dragón Chino Qing

Es el líder de su clan y el dios del este. Simboliza la primavera, representa la renovación y la cosecha, y es venerado por todos.

1 El Dragón Chino Hui

Un joven dragón chino sin cuernos. Es semejante a un lagarto de extremidades cortas, pero es muy flexible cuando se arrastra y nada.

4 El Dragón Chino con Cuernos

Posee cuernos duros y afilados de diversas formas y, en algunos mitos, también es un rey dragón chino. Se dice que un dragón chino tarda 500 años en convertirse en un Dragón Chino con Cuernos completamente desarrollado.

2 El Dragón Chino Qiu

Qiu es un dragón chino más pequeño, y hay diferentes opiniones sobre sus cuernos. Algunos creen que es un dragón chino joven que aún no los ha desarrollado, mientras que otros opinan que, aunque es más pequeño, ya los tiene.

5 El Dragón Chino Ying

Ying tiene dos alas y una cabeza grande y alargada, pero sus ojos y nariz son relativamente pequeños, semejante a un caimán chino con alas. Es divino, nacido en el cielo, y el mejor luchador de su clan.

Viviparidad

Algunos nacen del vientre de sus madres, algo que se conoce como «nacimiento abdominal», del mismo modo que los humanos.

Nacimiento en humedad

Algunos surgen en entornos húmedos, como los cadáveres de otros animales y la hierba, al igual que los mosquitos y las moscas.

Oviparidad

Muchos dragones chinos pueden nacer directamente de un huevo, al igual que los polluelos y los patitos que emergen de sus cáscaras.

Metaplasia

Hay algunas criaturas que pueden transformarse en dragones chinos. La carpa, por ejemplo, se convierte en un dragón chino tras saltar sobre el Longmen o Puerta del Dragón.

EL LINAJE DEL ANTIGUO DRAGÓN CHINO

Cuenta una antigua historia que hubo nueve hermanos, todos hijos del mismo padre dragón chino, pero de madres distintas. Cada uno tenía sus propias características, habilidades y preferencias, y todos heredaron la majestuosidad y espiritualidad del dragón chino, aunque en realidad no eran dragones chinos. Sin embargo, esto no afecta su importancia en la cultura tradicional.

El registro más antiguo de sus nueve hijos

La idea de que un dragón chino tuvo nueve hijos ha sido popular en la cultura china durante mucho tiempo. Fue durante la dinastía Ming, en la colección Huailu Tang de Li Dongyang, donde se explicaron oficialmente los nueve hijos, detallando sus nombres, orden de nacimiento y personalidades. Esta es la versión más completa de los nueve hijos del dragón chino.

¿Por qué no son dragones chinos?

Según la leyenda, sus nueve hijos tienen apariencias y temperamentos distintos debido a sus madres, cada una de las cuales era un animal diferente.

—¿Quiénes son los nueve hijos del dragón chino? La primera pista proviene de la colección Huailu Tang de Li Dongyang. ¡Echemos un vistazo!

❶ El primogénito: Qiuniu

Qiuniu es hijo de un dragón chino y un buey, por lo que tiene escamas y cuernos, y es el más dócil y bondadoso de los hijos. Puede tocar todo tipo de instrumentos musicales y es especialmente hábil con el *guqin*, sobre el que suele posarse para disfrutar del sonido de las cuerdas.

❷ El segundo hijo: Yazi

Yazi, nacido de un dragón chino y un chacal y considerado el segundo de los nueve hijos, tiene el cuerpo de un chacal y la cabeza de un dragón chino. Es vengativo, de mente estrecha, feroz y agresivo, y siempre lleva muchas armas para intimidar a sus enemigos.

❸ El tercer hijo: Chaofeng

Chaofeng, nacido de un dragón chino y un ave, tiene una apariencia elegante que simboliza la buena fortuna y la majestuosidad. Al igual que su madre, le encanta volar, y suele explorar el cielo o posarse en lugares elevados para observar el mundo. En la antigüedad, se esculpía su imagen en los tejados para ahuyentar desastres y demonios.

❹ El cuarto hijo: Pulao

Pulao es el fruto de la unión entre un dragón chino y un sapo. Como su madre, posee una voz potente y suele gritar junto al océano. Sin embargo, es un cobarde frente a criaturas marinas grandes, como las ballenas, y huye despavorido. Debido a su distintivo y fuerte grito, su imagen se grababa a menudo en las campanas.

5 El quinto hijo: Suanni

Suanni, hijo de un dragón chino y un león, tiene un cuerpo que mezcla partes de ambos. Es digno y poderoso como su madre leona, y no le gusta hablar, prefiriendo sentarse solo en un rincón para reflexionar. Como disfruta del fuego y las llamas, su imagen suele aparecer representada con poderío y dignidad en los incensarios.

6 El sexto hijo: Baxia

Baxia nació de un dragón chino y una tortuga. Es increíblemente fuerte y disfruta cargando objetos pesados sobre su espalda, llegando incluso a llevar montañas y generar olas. Más tarde fue domesticado por Dayu y ayudó en el control de inundaciones. Gracias a su gran capacidad para soportar peso, su imagen se encuentra a menudo en la base de los monumentos de piedra.

7 El séptimo hijo: Bi'an

Bi'an, nacido de un dragón chino y un tigre, es conocido por su moralidad, su capacidad para discernir el bien del mal y su dedicación a la justicia. En la mitología antigua, se le consideraba un símbolo de equidad e imparcialidad, y su imagen se esculpía con frecuencia en los tribunales.

8 El octavo hijo: Fuxi

Fuxi, hijo de un dragón chino y un Dragón Chino Qing, es el que más se asemeja a un dragón chino de los nueve hermanos. Tiene una gran afinidad por la literatura y queda cautivado por los buenos escritos. Su imagen suele aparecer en las estelas de piedra con inscripciones poéticas y caligráficas.

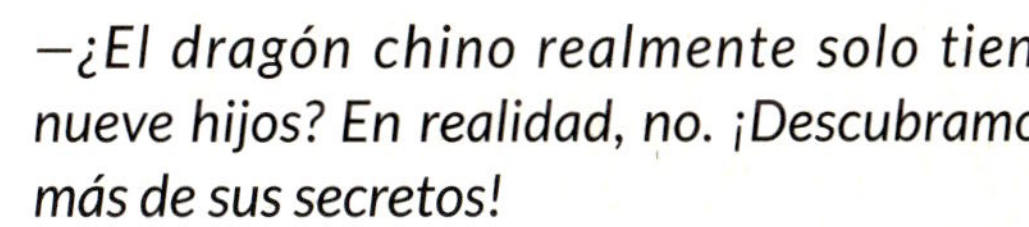

—¿El dragón chino realmente solo tiene nueve hijos? En realidad, no. ¡Descubramos más de sus secretos!

El secreto de sus nueve hijos

Aunque se dice que el dragón chino tuvo nueve hijos, en realidad esta no es toda la historia. En la cultura tradicional china, el «nueve» es un número especial que representa la supremacía y a menudo se usa para significar «muchos». Así que estos nueve hijos son solo algunos de sus muchos descendientes.

9 El noveno hijo: Chiwen

Chiwen, nacido de un dragón chino y un pez, tiene una apariencia única, con cabeza de dragón chino y cuerpo de pez. Tiene una gran afinidad con el agua y detesta el fuego, además de disfrutar consumiendo alimentos crudos. Gracias a su gran capacidad para prevenir incendios, su imagen solía aparecer en las crestas de los tejados de los edificios.

LA DIVINIDAD DEL DRAGÓN CHINO

Ocupa un lugar especial en la cultura tradicional china. Como criatura divina, posee ciertos poderes. No solo puede montar el viento y surcar las nubes, sino también dominar la naturaleza, con habilidades y características extraordinarias. La gente utiliza palabras como amante del agua, volador y caprichoso para resumir su divinidad y expresar su reverencia y creencia en el dragón chino.

Volador

Es un ser místico que sirve de puente entre el cielo y la tierra, comunicándose con ambos reinos. Esta criatura celestial simboliza el gran deseo humano de superar limitaciones y vencer desafíos, y suele ser montada por dioses y santos. Los dragones chinos voladores se encuentran en varios edificios y obras de arte, mostrando la importancia de su presencia.

Amante del agua

El amor por el agua es parte de la naturaleza esencial de los dragones chinos. Pueden controlar el clima, gestionar inundaciones y cuidar los recursos hídricos para los humanos. La profunda conexión entre los dragones chinos y el agua se destaca en leyendas donde se cree que el relámpago señala el lanzamiento de un hechizo del dragón chino, seguido por la lluvia que han conjurado. Esto se ve como una demostración de su poder y se ha vinculado a las tradiciones agrícolas.

Espiritual

Su forma es fluida y, a veces, puede exhibir características inusuales y fantásticas. Se dice que los dragones chinos divinos residen en el granero de arroz del templo, donde adorarlos conduce a cosechas abundantes de arroz. Junto al fénix, el unicornio y la tortuga, el dragón chino ocupa una posición reverenciada, sirviendo como deidad guardiana del Este.

El carro celestial de los nueve dragones chinos de Yuanshi Tianzun

Yuanshi Tianzun es uno de los dioses más importantes del taoísmo. Posee un carro sagrado llamado el Carro de Sándalo de los Nueve Dragones Chinos, que es su medio de transporte y su arma mágica. La base de este carro sagrado está hecha de precioso sándalo fragante y decorada con piedras sagradas de colores de Jiutian y Wuqi, y oro negro de Jiuyou. Este vehículo sagrado absorbe la esencia del sol, la luna y las estrellas, así como la belleza del cielo, la tierra, las montañas y los ríos. Nueve dragones chinos dorados de cinco garras acompañan el carro. Cada vez que Yuanshi Tianzun viaja, ellos vuelan juntos, tirando del carro sagrado entre el cielo y la tierra.

—¡Eso es genial! También quiero pasear, y sentir la velocidad de estos dragones volando juntos.

—*¿Alguna vez has oído hablar de un emperador que provenía de un dragón chino? ¡Es un misterio, leamos su historia!*

«Encarnación del Dragón Chino»

Se creía en su poder auspicioso, asociando su aparición con eventos significativos, como tener un nuevo emperador o celebraciones nacionales. La leyenda cuenta que Liu Bang, el primer emperador, fue considerado una encarnación de un dragón chino. Los «Registros Históricos» (de Sima Qian, Han Occidental) mencionan que uno se le apareció en un sueño a la madre de Liu Bang, lo que provocó su embarazo. Además, un relámpago y un trueno acompañaron la aparición de Jiao frente al padre de Liu Bang, consolidando la reputación del emperador Liu Bang como la «Encarnación».

Demostrando Majestad

El temperamento del dragón chino tiene un lado intenso y feroz, debido a que está compuesto por una variedad de características animales y naturales. Esto incluye relámpagos, serpientes, tornados y deslizamientos de tierra. Estas cosas son peligrosas y destructivas para los humanos, por lo que algunas personas creen que los dragones chinos las causan.

Un presagio auspicioso

Los antiguos crearon al dragón chino como un ser divino para traer salud y prosperidad a la humanidad. Rezaban por la protección del dragón chino, creyendo que su naturaleza divina podía alejar las enfermedades y los desastres. Se creía que la aparición del dragón chino durante ocasiones significativas, como la coronación de un emperador, celebraciones nacionales o eventos celestiales, significaba buena fortuna.

Originalidad

Son seres versátiles con formas y habilidades diversas. Pueden aparecer en el cielo como nubes, rayos o arco iris, en la tierra como cerdos, caballos o vacas, y en el mar como peces, cocodrilos o serpientes. Wang Anshi (Dinastía Song del Norte) reflexionó en su «Oda al Dragón Chino» que tienen poderes como combinarse o dispersarse, esconderse o aparecer, ser débiles o fuertes, y pequeños o grandes.

LA FORMACIÓN DEL MOTIVO DEL DRAGÓN CHINO

Su figura es un tótem fundamental en el diseño tradicional chino y hunde sus raíces en antiguas creencias. Este símbolo perdurable se ha transmitido de generación en generación, encarnando en cada etapa un profundo atractivo artístico y una rica historia. A lo largo de miles de años, el motivo del dragón ha evolucionado, dejando su huella en el desarrollo de la civilización china. Las variaciones de este motivo en los utensilios de distintas épocas reflejan sus múltiples estilos y características.

—Los patrones en las botellas al comenzar la dinastía Ming eran muy similares a su imagen actual.

8

10

El dragón chino prehistórico presenta una boca cerrada, un hocico largo, una nariz levantada, dos fosas nasales juntas, un cuello largo con cabello, y una cola con un rizo hacia arriba.

3 Colgante en forma de dragón chino de jade

Durante el periodo de las Primaveras y Otoños y de los Reinos Combatientes, el patrón presentaba una gran boca, una cabeza angular, un cuerpo adornado con patrones de grano y moaré, y movimientos vivos en las extremidades.

5 Espejo de bronce con patrón doble

La Dinastía Tang prestó atención a la simetría del cuerpo del dragón chino y a la delicadeza de sus escamas, así como al contraste de las nubes que lo rodean.

7 Plato con patrón azul y blanco

Los dragones chinos de la Dinastía Yuan tienen cuellos delgados, dientes puntiagudos y garras afiladas. Las escamas están representadas en un patrón de rejilla con curvas suaves y formas realistas.

9 Gran recipiente de vat de dragón chino con patrón de nubes azul y blanco

Durante la Dinastía Ming tardía, los patrones de los dragones chinos mostraban cuerpos más delgados y débiles que carecían de la fuerza y el aura previas. El estilo es caricaturesco, sin majestad.

Este patrón de la Dinastía Shang tiene una cabeza grande, con ojos que recuerdan al carácter (*chen*, que significa «ministro»), patrones geométricos en el cuerpo y bordes de hojas elevadas desde la cresta del cuello hasta la cola, reflejando un temperamento sereno.

4 Doble tallado en jade blanco

El patrón de la Dinastía Han es muy vívido. Se identifican claramente la cabeza, los ojos, los cuernos y la boca, el estilo es elegante y chic, y en general es más concreto.

6 Jarrón de fondo blanco y pintura negra del horno de Cizhou

Este patrón de la Dinastía Song es majestuoso. La criatura tiene colmillos y garras al descubierto, y sus escamas son claramente visibles. La imagen está llena de una fuerte sensación artística.

8 Jarrón celestial con patrón de yunlong azul y blanco

Durante los primeros años de la Dinastía Ming, tenía una forma alta y recta, con cabello que se extendía hacia el cielo, ojos como antorchas, una boca parecida a la de un cerdo, un cuerpo grande y movimientos feroces.

10 Plato con patrón colorido

El patrón de dragón chino de la Dinastía Qing es detallado y presenta un impresionante efecto visual general. Sus escamas son tridimensionales, sus garras son más prominentes, mostrando un impulso majestuoso.

—*La Dinastía Qing duró más de 200 años. ¿Qué cambios ocurrieron en el patrón de los dragones chinos durante este largo período?*

Características diferentes

Periodo Shunzhi

Más feroz y vivaz

Periodo Kangxi

Los cuernos son más prominentes

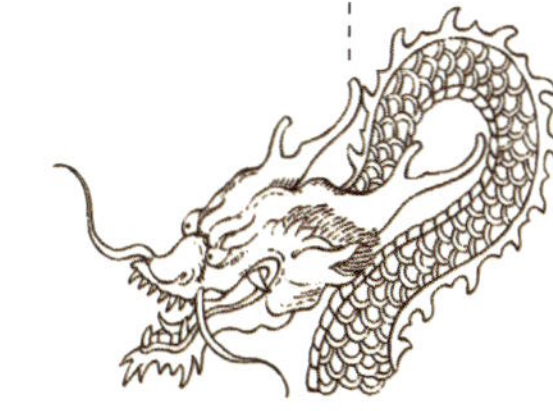

Periodo Yongzheng

Más amable

Periodo Qianlong

Delgado y sin dignidad

Periodo Jiaqing

Durante la Dinastía Qing, la evolución de sus patrones simbolizó una transición desde la dinastía de la fuerza hasta la debilidad. En el periodo temprano, eran salvajes y dominantes, reflejando el poder del país. A medida que la dinastía decayó, se volvieron apagados y sin vida. Para finales de la Dinastía Qing, aparecieron delgados y débiles, desprovistos de su fuerza anterior.

La carpa que salta la Puerta del Dragón
En el río Amarillo hay una puerta llamada *Longmen*, o Puerta del Dragón. Se dice que la criatura que logre saltarla puede transformarse en un dragón chino. ¿Conseguirán estas carpas superar la puerta? ¿Qué desafíos tendrán que enfrentar?

EL SECRETO DE TRANSFORMARSE EN UN DRAGÓN CHINO

Ahora todos sabemos que los dragones chinos tienen un estatus noble en los mitos y leyendas chinas. Pero ¿sabías que no todos los dragones chinos nacieron como tales? Algunos son «evolucionados» a partir de otras criaturas utilizando distintos métodos. Las historias de estos dragones chinos transformados están registradas en muchas leyendas tradicionales y obras literarias. Echemos un vistazo a uno de estos cuentos de transformación.

❷ Frente a la puerta, las ambiciosas carpas saltan hacia arriba, solo para ser derribadas por enormes olas que superan los tres metros de altura, dejando hematomas en sus cuerpos. A pesar de los fracasos repetidos, perseveran.

❶ Longmen es una enorme puerta de piedra donde el agua fluye con rapidez y violencia. Una carpa roja decide intentar el salto, así que comienza un largo y arduo viaje. Tras superar numerosos peligros y obstáculos, la carpa roja llega por fin a la entrada.

❸ De repente, el agua del río Amarillo crea olas de gran altura. La pequeña carpa roja salta hacia la cresta, haciendo todo lo posible por saltar sobre la puerta. En un instante, su cuerpo se alarga, le crecen las extremidades y los cuernos, y se transforma en un dragón chino.

—«La carpa que salta la Puerta del Dragón» es un texto bonito y apasionante. ¿Conoces otras criaturas capaces de transformarse en dragones chinos?

La serpiente transformada en dragón chino

Para transformarse de serpiente en dragón chino, se requieren miles de años y numerosas pruebas. La serpiente debe primero absorber la energía espiritual del cielo y la tierra, así como la esencia del sol y la luna, para evolucionar hacia una pitón. Luego, la pitón evoluciona a una anaconda al absorber más energía espiritual y esencia. La anaconda, a su vez, absorbe más energía y esencia para convertirse en un Jiao. Finalmente el Jiao puede evolucionar en un dragón chino. Cada evolución es probada por truenos y relámpagos, y el fracaso acaba en cenizas. Sin embargo, el éxito conduce a la transformación en un dragón chino, otorgando la habilidad de controlar el clima y volar.

EXPLORANDO SU CULTURA

Para los chinos, el dragón chino es más que un tótem, es una profunda conexión emocional. El dragón chino encarna la suerte, la alegría y la tolerancia, simboliza el poder, la nobleza y la fuerza, y representa la innovación, el espíritu pionero y el éxito. Además, transmite inteligencia, moralidad y cultivo, y el pueblo chino pide sus deseos al dragón chino con la esperanza de que se les concedan. Las ricas connotaciones culturales y el significado simbólico de su cultura son evidentes en los diferentes diseños y colores del dragón chino, cada uno con representaciones distintas que muestran el atractivo de este símbolo cultural.

El simbolismo del dragón chino

Sirve como portador de la historia y cultura chinas, encarnando la esencia espiritual de la nación. Su significado simbólico ha evolucionado junto con el desarrollo de la sociedad y los valores, y puede categorizarse en cuatro tipos.

Un símbolo de buena fortuna

Es un símbolo de buena suerte en China, y aparece de manera destacada en varios aspectos de la cultura china. Ya sea en el arte, festivales o arquitectura, los dragones chinos siempre simbolizan la suerte, la felicidad y la buena fortuna. Ejemplos de ello son los patrones auspiciosos de dragón chino y fénix que significan armonía y suerte, las danzas de linternas durante los festivales para alejar desastres y buscar bendiciones, y las estatuas de Chaofeng en la Ciudad Prohibida, que representan protección contra el mal y las calamidades.

Un signo de armonía

En China encarna el espíritu de la armonía, que tiene sus raíces en sus orígenes totemistas. Las antiguas tribus, en lugar de erradicar los tótems de los enemigos conquistados, incorporaron aspectos de estos en los suyos propios, lo que resultó en el dragón chino combinando características de varios animales. Esta mezcla hace que el dragón chino sea un símbolo de armonía.

Un símbolo de autoridad

El dragón chino es un símbolo de la realeza en China, y los emperadores a menudo se referían a sí mismos como «La Encarnación del Dragón Chino» para significar su autoridad. Vestían prendas adornadas con sus motivos, conocidas como «ropas de dragón chino», que variaron en estilo y color a lo largo de los diferentes períodos históricos, reflejando influencias culturales e históricas distintivas.

Qin Shihuang

La túnica de dragón chino del primer emperador de China era negra, el color nacional de la Dinastía Qin. El negro era omnipresente en los trajes, banderas y otros símbolos.

Liu Bang

Las túnicas de los emperadores Han predominaban en negro, pero con un toque de rojo, ya que la tecnología de teñido limitada en esa época hacía que el rojo fuera escaso y, por lo tanto, prestigioso.

Li Yuan

Los emperadores de la Dinastía Tang llevaban túnicas de color amarillo brillante, el color real. Para mostrar su estatus, Li Yuan ordenó que se prohibiera a los civiles llevar ropa amarilla.

Un representante de los sabios

En China, existe una frase, «el dragón chino entre las personas», que se utiliza para elogiar a individuos talentosos y virtuosos. El filósofo Confucio comparó a Lao Tzu con un dragón chino durante el Período de Primavera y Otoño, mientras que Zhuge Liang se llamó a sí mismo «Wolong» (lo que significa un dragón chino dormido en la superficie, pero una metáfora de un talento en ciernes) durante el período de los Tres Reinos. Kong Rong, un poeta y político, también describió el papel importante de Mi Heng como un dragón chino cuando lo recomendó para un cargo oficial.

Lao Tzu

Lao Tzu fue el fundador de la religión llamada taoísmo. Al pedirle a Lao Tzu conocimiento, Confucio dijo que Lao Tzu era un sabio raro, y un dragón chino entre los hombres.

Zhuge Liang

Como campesino y antes de convertirse en primer ministro, Zhuge Liang se llamó a sí mismo «Wolong». Esto indicaba sus ambiciones a pesar de no haber podido mostrar su talento.

Mi Heng

Cuando Mi Heng era joven, era talentoso y valoraba la integridad. Cuando Kong Rong lo recomendó para ser oficial, describió a Mi Heng como un dragón chino ascendiendo al cielo.

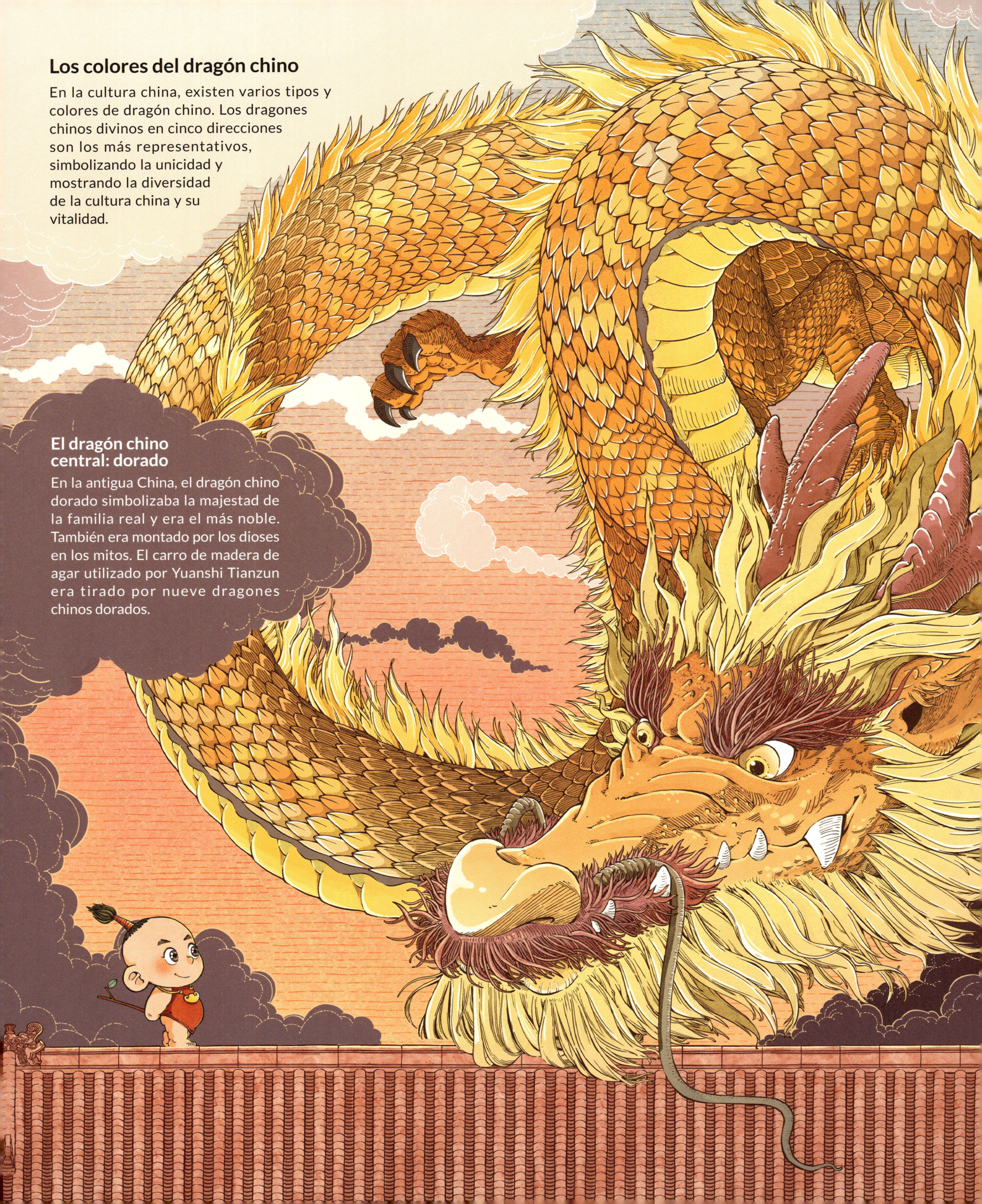

Los colores del dragón chino

En la cultura china, existen varios tipos y colores de dragón chino. Los dragones chinos divinos en cinco direcciones son los más representativos, simbolizando la unicidad y mostrando la diversidad de la cultura china y su vitalidad.

El dragón chino central: dorado

En la antigua China, el dragón chino dorado simbolizaba la majestad de la familia real y era el más noble. También era montado por los dioses en los mitos. El carro de madera de agar utilizado por Yuanshi Tianzun era tirado por nueve dragones chinos dorados.

El dragón chino del Este: verde

La postura del dragón chino verde es majestuosa y elegante, y sus escamas de un verde pálido parecen anunciar la llegada de la primavera. Según la leyenda, el dragón chino verde puede manipular el viento y la lluvia, controlar las nubes y proteger de los desastres naturales, por lo que es un guardián muy importante.

El dragón chino del Oeste: blanco

El dragón chino blanco tiene un temperamento dócil y es el más débil en combate entre los cinco dragones chinos divinos. Normalmente representa la inocencia y las cualidades y acciones nobles. En algunas obras literarias, a un hombre apuesto y gracioso se le llama «pequeño dragón chino blanco».

El dragón chino del Sur: rojo

El dragón chino rojo es muy efectivo en combate, pero también comparte algunas similitudes con los dragones occidentales, ya que puede respirar fuego y hacer que las plantas y los árboles se marchiten por donde pasa. Esto difiere de sus atributos tradicionales, lo que hace que la gente tema al dragón chino rojo.

El dragón chino del Norte: negro

Es conocido por su mal temperamento y personalidad reservada, y tiene la capacidad de controlar las inundaciones. La leyenda dice que causó inundaciones a nivel mundial, pero la diosa Nuwa lo derrotó después de reparar el cielo, poniendo fin a la calamidad.

Las cinco bestias auspiciosas

El dragón chino, el fénix, el kirin, el pixiu y la tortuga son conocidos colectivamente como los cinco animales auspiciosos, y representan el poder, la suerte y la alegría. Estos símbolos han encarnado la búsqueda de la humanidad por la paz y la felicidad, reflejando nuestros deseos fundamentales.

¿QUÉ SABES SOBRE LAS BESTIAS MÍTICAS CHINAS?

En los mitos y leyendas chinas, existen muchas bestias sobrenaturales con habilidades increíbles. Están llenas de todo tipo de bellas connotaciones, formando una parte importante de la cultura tradicional china, y son animales mágicos únicos para el pueblo chino. Algunas habitan en el cielo, otras son elusivas, algunas son majestuosas, pero todas son mágicas. No solo reflejan la veneración y el respeto de los antiguos hacia el universo y el poder de la naturaleza, sino que también simbolizan su deseo de buena suerte y poder.

❶ El dragón chino es una de las bestias míticas más auspiciosas de China y fue considerado un símbolo del emperador. Puede controlar el viento y la lluvia, y bendecir al mundo con muy buen tiempo atmosférico y cosechas abundantes.

❷ El fénix es una combinación de aves macho y hembra, con cabeza de gallo, cuello de serpiente, cola de pez y espalda de tortuga. Su aspecto hermoso no solo simboliza la buena suerte, sino que también representa la armonía y el amor.

❸ El kirin, con un aspecto único que combina características de un ciervo, caballo, dragón chino y pez, es una criatura benevolente asociada al nacimiento. Se dice que un kirin se apareció a la familia de Confucio y escupió libros de jade durante su nacimiento.

❹ El pixiu tiene la apariencia de un león, con colmillos largos y afilados. Tiene una gran boca que puede tragar todo, pero nada sale de ella. Esta característica de solo entrar y nunca salir lo convierte en un símbolo de atracción de riqueza.

❺ La intrincada textura del caparazón de la tortuga fue utilizada para la adivinación por los antiguos. Debido a su larga vida, simboliza longevidad y sabiduría. Las de jade también se usaban para protección y oraciones por la paz.

—¿Has visto alguna vez este patrón de dragón chino y fénix en las rejas de las ventanas? Su imagen combinada representa buena suerte.

Según Kong Yu, quien registró algunas de las ideas de Confucio en Kong CongziJiwen, cuando un emperador demuestra virtud y promueve la paz y la prosperidad, aparecerán señales auspiciosas de fénix, tortugas y dragones chinos. Con el tiempo, estos símbolos se utilizaron para representar ocasiones auspiciosas y festivas, y se convirtieron en decoraciones populares. Durante miles de años, los diseños de dragón chino y fénix se han incorporado en la ropa, las artesanías y la arquitectura.

Las cuatro bestias mitológicas

En la antigua leyenda china, cuatro dioses se originaron de las 28 constelaciones (o mansiones), con cada grupo de siete estrellas formando una bestia mítica. Estos dioses están distribuidos en las cuatro direcciones: el Dragón Chino Qing en el este, el Tigre Blanco en el oeste, Suzaku en el sur y Xuanwu en el norte.

¿Sabías que a medida que la Tierra orbita alrededor del Sol, las estrellas en el cielo cambian con las estaciones? En el cambio de invierno a primavera, un Dragón Chino Qing aparecerá en el cielo vespertino. En el cambio de primavera a verano, Xuanwu se elevará. En el cambio de verano a otoño, el Tigre Blanco asomará su cabeza. Y en el cambio de otoño a invierno, Suzaku se elevará en el cielo.

1 Xuanwu

Xuanwu es el término colectivo para las siete mansiones del norte, representando el norte y también la longevidad con su cuerpo de tortuga y su cola de serpiente. Antes de la Dinastía Han, los nobles llevaban colgantes de jade en forma de tortuga como una oración por la paz. La leyenda dice que Xuanwu es el dios del agua que gobierna los cuerpos de agua y nutre a todos los seres vivos. Xuanwu también es un símbolo de seguridad y protección, por lo que se usa frecuentemente en decoraciones del hogar.

2 El Tigre Blanco, Dios del Oeste

El Tigre Blanco representa las siete mansiones del oeste y es venerado como el dios del oeste. En la mitología china, es un formidable dios de la guerra, y las leyendas sugieren que los generales de la Dinastía Tang, Luo Cheng y Xue Rengui, fueron reencarnaciones del Tigre Blanco. Asociado con lo militar, este dios aparece en la bandera y el emblema del Tigre Blanco, simbolizando poder y coraje. También se cree que aleja a los espíritus malignos y evita los desastres.

❸ Dragón Chino Qing, Dios del Este

Los antiguos pensaban que las siete constelaciones del este se asemejaban a un dragón chino. En la cultura china, el este representa la madera y su color es verde (*qing* en chino), por lo que este dios fue denominado Dragón Chino Qing. Tiene un cuerpo similar al de una serpiente, una cabeza de kirin, una cola de carpa, una larga barba, cuernos como los de un ciervo y una apariencia imponente. Siempre guarda la paz y la tranquilidad del este, haciendo que las personas se sientan seguras.

❸ Dragón Chino Qing

❹ Suzaku, Dios del Sur

Suzaku, que simboliza las siete mansiones del sur y al emperador Yan, representa el sur y encarna el fuego, la pasión y la vitalidad. Tiene un gran significado en la cultura china porque simboliza la buena fortuna y la prosperidad. Se cree que rendir culto a Suzaku trae bendiciones del emperador Yan, otorgando fuerza y coraje a quienes lo buscan.

—El fénix y Suzaku son similares en forma. Pero aunque muchas personas los comparan, no son lo mismo.

El fénix y Suzaku no son la misma criatura; existen tres diferencias principales:

- El fénix es el rey legendario de las cien aves, mientras que Suzaku es el animal espiritual del cielo, más raro, noble y poderoso.
- El fénix renace del fuego, mientras que Suzaku es inmortal.
- Suzaku es rojo, mientras que las plumas del fénix tienen cinco colores, cada uno representando una virtud: negro (compasión), blanco (honestidad), rojo (sabiduría), verde (fe) y amarillo (integridad).

DIFERENCIAS CULTURALES ENTRE LOS DRAGONES ORIENTALES Y LOS OCCIDENTALES

Existen leyendas tanto en los mitos orientales como en los occidentales, pero los diferentes contextos culturales hacen que el origen, la imagen y el simbolismo de los dragones chinos sean distintos de los occidentales. Los dragones chinos orientales son generalmente un símbolo de santidad y suerte, capaces de invocar el viento y la lluvia, alejar desastres y traer buena fortuna. En contraste, los occidentales suelen asociarse con el mal, la decadencia y la avaricia. Pueden escupir fuego y poseen gran fuerza y magia.

El alto estatus de los dragones chinos orientales

En las culturas orientales, es venerado como un símbolo de la fuerza de la naturaleza. La antigua China tenía tradiciones como los bailes de dragón, las carreras de botes y ofrendas para honrar el espíritu del dragón chino. El emperador era comparado con el dragón chino y se le llamaba «Hijo del Cielo», y los chinos se consideraban descendientes del dragón chino.

Dragones chinos por todas partes

En la literatura, simboliza suerte y bendiciones. En los festivales populares, la gente honra el espíritu del dragón chino y transmite su cultura a través de las festividades. En medicina, los dragones chinos están asociados con la curación, la salud y una vida larga. En la arquitectura y decoración, su imagen representa la prosperidad y la estabilidad de la nación.

El misterioso dragón occidental

En la cultura occidental, el dragón presenta un simbolismo complejo. En la creencia cristiana, se asemeja a un demonio, simbolizando la rebelión, la destrucción y el mal, y es visto como un enemigo de la justicia y la fe. Los cazadores de dragones eran celebrados como símbolos de justicia. En la cultura medieval europea, el dragón simbolizaba la fuerza, la riqueza y la sabiduría, encarnando la valentía en la búsqueda de la justicia.

Dragones en la mitología occidental

La imagen del dragón ha sido transmitida desde la Antigua Grecia y ha evolucionado de manera diferente a lo largo de Europa. La figura del dragón aparece en los mitos y leyendas de todos los países del continente. En la mitología sajona, el dragón guarda tesoros y lucha hasta la muerte contra los ladrones. En la mitología catalana, los dragones no solo escupían fuego, sino que también desprendían un olor terrible que podía pudrir todo lo que tocaba.

Diferentes orígenes

El dragón chino oriental es un ser divino heredado de los ancestros orientales que veneraban criaturas reales y fenómenos naturales. El dragón occidental se pudo originar como una serpiente marina imaginada por los ancestros occidentales que rendían culto a las serpientes.

Diferentes apariencias

Los dragones chinos orientales combinan características de diferentes animales y elementos naturales, como astas y cabezas de camello, pero no tienen alas. Los dragones occidentales tienen cuerpos semejantes a los de los lagartos, con alas de murciélago, lenguas de serpiente, escamas duras, dientes afilados y colas curvadas.

Diferente simbolismo

El dragón chino simboliza el poder imperial, la naturaleza y la buena suerte, representando la cultura oriental. El dragón occidental tiene una naturaleza dual, ya que los indoeuropeos lo utilizaban como símbolo militar de protección, mientras que las sociedades posteriores lo temían como una amenaza.

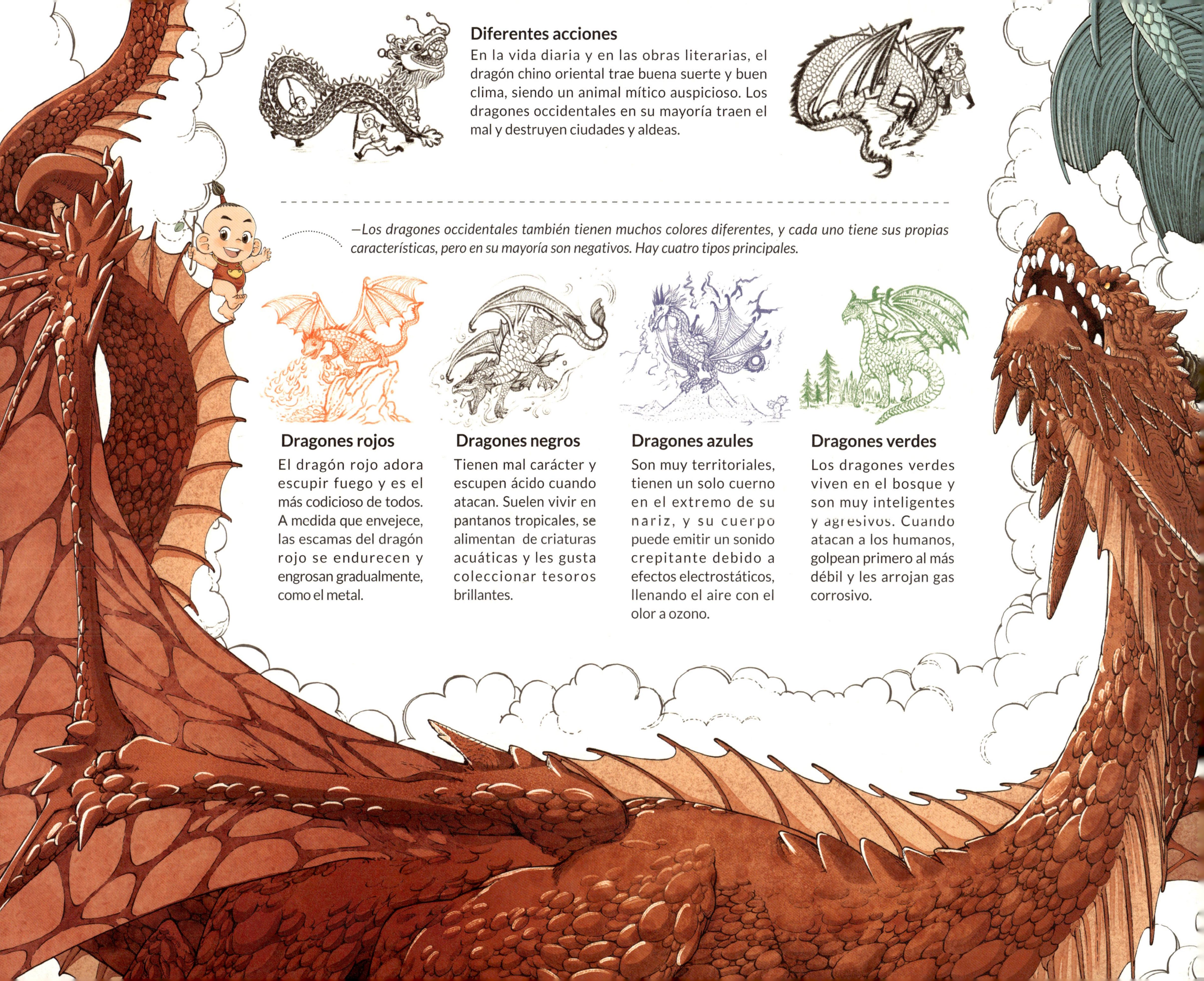

Diferentes acciones

En la vida diaria y en las obras literarias, el dragón chino oriental trae buena suerte y buen clima, siendo un animal mítico auspicioso. Los dragones occidentales en su mayoría traen el mal y destruyen ciudades y aldeas.

—Los dragones occidentales también tienen muchos colores diferentes, y cada uno tiene sus propias características, pero en su mayoría son negativos. Hay cuatro tipos principales.

Dragones rojos

El dragón rojo adora escupir fuego y es el más codicioso de todos. A medida que envejece, las escamas del dragón rojo se endurecen y engrosan gradualmente, como el metal.

Dragones negros

Tienen mal carácter y escupen ácido cuando atacan. Suelen vivir en pantanos tropicales, se alimentan de criaturas acuáticas y les gusta coleccionar tesoros brillantes.

Dragones azules

Son muy territoriales, tienen un solo cuerno en el extremo de su nariz, y su cuerpo puede emitir un sonido crepitante debido a efectos electrostáticos, llenando el aire con el olor a ozono.

Dragones verdes

Los dragones verdes viven en el bosque y son muy inteligentes y agresivos. Cuando atacan a los humanos, golpean primero al más débil y les arrojan gas corrosivo.

LA ÉPICA HISTORIA Y LEGADO DE LOS DRAGONES CHINOS

Los dragones chinos aparecen en numerosos clásicos de la literatura china, como el *Clásico de las Montañas y los Mares*, la *Investidura de los Dioses* y *Viaje al Oeste*. Su popularidad y riqueza simbólica se reflejan en la diversidad de sus representaciones: la mayoría son benévolos, otros malvados; algunos encarnan el poder, otros la virtud. Estos distintos roles y significados han sido transmitidos a lo largo de los siglos mediante estos textos y sus múltiples adaptaciones.

Viaje al Oeste

Viaje al Oeste es una novela del siglo XVI que narra el viaje de un monje budista desde China hasta la India, acompañado por sus discípulos, entre ellos el Rey Mono. Los dragones chinos adoptan una amplia gama de rasgos, muchos bondadosos, lo que pone de manifiesto su relevancia cultural. Entre ellos se encuentran el Rey Dragón Jinghe, quien inicia el viaje para recuperar las escrituras budistas; los Cuatro Reyes Dragón del Mar, que ayudan a los peregrinos; y el Tercer Príncipe, que se transforma en el corcel del monje.

El caballo dragón blanco

El Tercer Príncipe acompaña al monje Tang, mostrando así su valentía. Tras superar numerosas pruebas, alcanza la iluminación y asciende al cielo como el Bodhisattva Guangli, un dragón chino celestial, que rodea el firmamento y las columnas de la pagoda del Monasterio del Trueno.

El Tercer Príncipe

El Tercer Príncipe

El Tercer Príncipe, hijo del Rey Dragón Chino del Mar Occidental, Ao Run, fue castigado por prender fuego, de forma caprichosa, a la perla que le regaló el Emperador de Jade. Más adelante, gracias a la intervención de Guanyin Bodhisattva, se unió a la peregrinación sagrada.

La redención del Tercer Príncipe

Aunque el Tercer Príncipe había infringido ciertas normas celestiales, fue salvado por Guanyin Bodhisattva. Mientras esperaba a los peregrinos budistas en el arroyo de Yingchou, devoró por error al caballo blanco del monje Tang. Tras alcanzar la iluminación bajo la guía de Guanyin, se transformó en un dragón chino con forma de caballo blanco y pasó a ser el corcel del monje en su viaje hacia el Oeste.

—Con tantas películas y series de televisión adaptadas de Viaje al Oeste, *el autor Wu Cheng'en jamás habría imaginado que, siglos después de su muerte, se convertiría en el mejor «guionista» de todos los tiempos.*

Viaje al Oeste, una de las Cuatro Grandes Novelas Clásicas de China, fue la primera novela en la antigua literatura china. Narra el viaje del monje Tang y sus tres discípulos hacia el Oeste en busca de las escrituras sagradas, y describe sus peripecias y enfrentamientos con demonios a lo largo del camino. Tras superar ochenta y una pruebas, finalmente consiguen las verdaderas escrituras. La obra celebra el triunfo de la justicia sobre el mal y exalta el espíritu tenaz del maestro y sus discípulos, que no se rinden ante las dificultades y perseveran hasta el final.

Criaturas mitológicas con forma de dragón

El *Clásico de montañas y mares* describe bestias con cabezas de dragón chino y cuerpos capaces de transformarse en humanos, caballos o formas semejantes a aves. Otras poseen cuerpos de dragón chino, pero con rostros humanos o cabezas de ave. Viviendo en sus propios reinos, estos seres místicos muestran habilidades mágicas extraordinarias y una gran diversidad de apariencias.

❶ **Yayu** se presentaba originalmente como un dios con cuerpo de serpiente pero rostro humano. Sin embargo, tras ser asesinado y resucitado por el Emperador del Cielo, Yayu se transformó en un monstruo con cabeza de dragón chino y una naturaleza cruel, con inclinación por devorar humanos.

❷ **El dios con cabeza de dragón chino y cuerpo de ave** es el dios de la montaña en la cordillera de Queshan. Posee la fuerza de los dragones chinos y la libertad de volar como los pájaros. La leyenda cuenta que actúa de manera autónoma, sin jerarquías, restricciones ni órdenes de otros dioses.

❸ **El dios con cabeza de dragón chino y cuerpo humano** es el dios de la montaña en la primera cordillera de Dongshan. Combina la fuerza de los dragones chinos y los humanos, simbolizando un poder misterioso. Representa a una de las primeras transformaciones de la imagen del dragón chino durante las dinastías pre-Qin y Qin-Han.

❹ **El dios con cabeza de dragón chino y cuerpo de caballo** es el dios de la montaña en la cordillera de Minshan. Su imagen fusiona tanto las características de un dragón chino como del caballo. Se utiliza la expresión «espíritu de dragón chino y caballo» para describir una mentalidad vibrante y progresista.

5 Los dioses con cuerpo de dragón chino y rostro humano, dioses de la montaña de la tercera cordillera del sur, se describen con cuerpos de dragón chino y caras humanas. Desde la montaña Tianyu hasta la montaña Nanyu, hay 14 dioses de la montaña con esta apariencia. Las ofrendas tradicionales para rendirles homenaje consisten en un perro blanco y arroz glutinoso.

6 El dios con cuerpo de dragón chino y cabeza de ave tiene una anchura de 7 200 millas y se extiende desde la montaña Gui hasta la montaña Qiwu. Se representa junto a otros 17 dioses de la montaña con rasgos similares. Combinan la presencia majestuosa de los dragones chinos con los rasgos únicos de las aves, desprendiendo un aura cautivadora y misteriosa. Antes los veneraban y les ofrecían ganado y arroz como ofrenda.

7 Gu, otro conocido dios con cuerpo de dragón chino y rostro humano, es hijo del dios de la montaña Zhongshan. Se dice que fue asesinado por el Emperador del Cielo en un lugar llamado Yaoya, al este de la montaña Zhongshan, por haber participado en el asesinato del dios Baojiang. Tras su muerte, se transformó en un halcón que, según se cree, anuncia las sequías.

El Clásico de Montañas y Mares es un texto chino antiguo que explora la geografía, la naturaleza, la historia, los objetos y las costumbres. Describe con detalle numerosas criaturas desconocidas, sus hábitats, apariencias y comportamientos, lo que lleva a considerarlo un libro de mitología.

Zhulong

En el *Clásico de Montañas y Mares* también aparecen otras bestias míticas como Zhulong. Así, Zhulong, con rostro humano y cuerpo de serpiente, es rojo, no tiene piernas y habita en la montaña Zhangwei. Posee grandes poderes: al cerrar los ojos oscurece el mundo, y al abrirlos lo ilumina. Zhulong se alimenta de viento y lluvia, sin necesidad de más alimento, sueño ni descanso.

El libro también trata sobre los paisajes, animales y plantas relacionados con los dragones chinos, ofreciendo muy diferentes perspectivas sobre todas estas criaturas a lo largo de las muchas dinastías, y enriqueciendo así nuestra comprensión cultural sobre ellas.

Los Reyes Dragón en la *Investidura de los dioses*

En la *Investidura de los dioses*, los Reyes Dragón Chino de los Cuatro Mares poseen un poder divino infinito y un inmenso ejército marino, y son los encargados de mover las nubes y repartir la lluvia. Cada uno tiene una personalidad y unas características propias, que muestran majestad y fuerza en la mitología china, al tiempo que reflejan la complejidad de la naturaleza humana y la intensidad de las emociones en la vida real.

Chen Tangguan bajo el agua

Un día, el dios Nezha causó un gran caos en el Palacio del Mar del Este mientras jugaba con su arma (el Círculo Qiankun) durante un baño. Mató accidentalmente a un yaksha patrullero que lo enfrentó. Entonces, el tercer hijo del Rey Dragón Chino dirigió a los soldados para vengarse, pero Nezha volvió a derrotarlo y le arrancó los tendones. Lleno de furia, el Rey Dragón Chino decidió apelar al cielo. Nezha luchó contra él y lo hirió. Los Reyes Dragón Chino de los otros mares se unieron para buscar venganza, convocaron vientos feroces y olas que inundaron Chen Tangguan (la ciudad natal de Nezha). Finalmente, Nezha se sacrificó para detener el desastre.

Los Reyes Dragón de los Cuatro Mares

Los Reyes Dragón de los Cuatro Mares gobiernan los mares oriental, meridional, occidental y septentrional, siguiendo los mandatos celestiales. Actúan con decisión y buscan ayuda divina si es necesario, demostrando audacia e ingenio en su forma de alcanzar sus objetivos.

—En la Investidura de los dioses *hay muchas historias súper interesantes e imaginativas.*

La *Investidura de los dioses* es una novela sobre dioses y demonios de la China de la dinastía Ming, compuesta por un total de 100 capítulos, en los que intervienen dioses, humanos, budas, taoístas y otros personajes. La historia se basa en el relato del hombre divino Jiang Ziya, que ayuda al rey Wu a derrotar al rey Zhou. Narra el enfrentamiento entre el rey Wu y el rey Zhou, así como la batalla contra su ejército y la destitución de los dioses. Jiang Ziya canonizó a 365 dioses verdaderos y fue nombrado marqués de Qi por el rey Wu de Zhou en reconocimiento a sus méritos.

❶ Tejas de alero

Son elementos decorativos que, además de embellecer, protegen el saledizo del edificio y se asemejan a elegantes sombreros. Surgieron en la dinastía Zhou Occidental y existen en dos tipos principales: las de superficie lisa y las que presentan intrincados motivos, generalmente de forma semicircular. Durante la dinastía Han se introdujo una teja decorada con un dragón chino verde. Estas tejas, entre las que se encuentran las del dragón chino azul, el tigre blanco, Suzaku y Xuanwu —conocidas en conjunto como las Tejas de los Cuatro Dioses— se colocaban en templos orientados al este, oeste, sur y norte, respectivamente.

❷ Pintura Hexi

La pintura Hexi es un tipo de decoración con motivos de dragón chino muy colorida. Emplea la técnica del dorado y colores vivos para crear un diseño delicado y complejo. Su composición, rigurosa y detallada, aporta una sensación de majestuosidad y solemnidad al edificio.

LOS DRAGONES CHINOS EN LA ARQUITECTURA CLÁSICA

La cultura del dragón chino en China cuenta con una larga historia que impregna todos los aspectos de la vida, especialmente en su arquitectura tradicional, donde los dragones chinos están presentes por todas partes. Gracias a los eruditos y artesanos de las distintas dinastías, sus representaciones e interpretaciones son abundantes y muy elaboradas.

❸ Motivo de dragón

Se encuentra en los tejados de los palacios tradicionales chinos, está tallado con escamas, garras, una cabeza feroz y la boca abierta hacia la derecha, tragándose una espada. Este diseño no solo embellece la estructura del tejado, sino que también simboliza la seguridad y la protección del palacio.

❹ Columnas

Las columnas, situadas entre las barandillas de los puentes, constan de un cuerpo y una cabeza. Durante la dinastía Song, el cuerpo tenía forma octogonal, mientras que en la dinastía Qing era cuadrado. Cada cara del cuerpo está decorada con flores de begonia o con un motivo de dragón chino. Existen muchos estilos de cabezas, siendo los más comunes los motivos de dragones chinos y de nubes.

❺ La vía imperial

Era un camino reservado para los antiguos emperadores, adornado con grabados de dragones chinos y otros animales. Estos elaborados diseños muestran a los dragones chinos desplazándose entre nubes y montañas, generando escenas dinámicas y majestuosas. Los motivos decorativos a ambos lados del camino real dan vida a los dragones chinos y subrayan la grandeza del «Hijo del Cielo».

Estas son las bestias de tejado. El Salón de la Armonía Suprema es el edificio con el mayor número de ellas en el tejado, un número par, mientras que en la mayoría de las construcciones es impar.

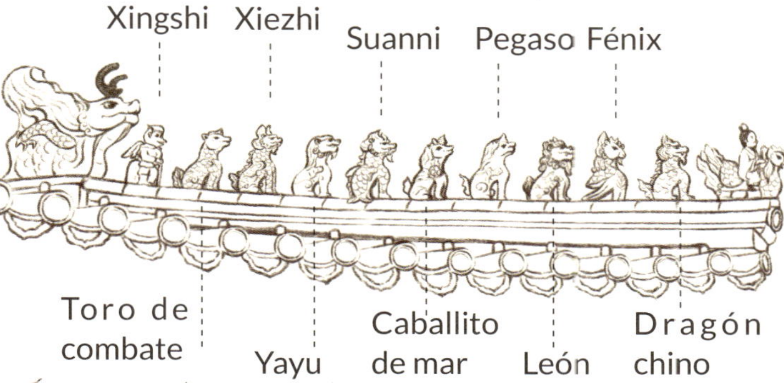

El Salón de la Armonía Suprema

Las diez pequeñas bestias en la cumbrera del tejado del Salón de la Armonía Suprema servían para fijar las tejas y simbolizar el estatus del palacio. Algunas criaturas representan la prevención de desastres, otras simbolizan la buena fortuna y otras encarnan la justicia y la severidad del gobernante.

Casetones

El casetón (literalmente «pozo de algas», en chino) es una estructura del techo en la arquitectura tradicional china, que suele encontrarse en palacios reales y templos. Se sitúa en el punto más alto de un pabellón y tiene una función de prevención contra incendios, ya que los antiguos chinos creían que en ese «pozo» había agua y que el agua y el fuego se anulaban mutuamente. Los casetones pueden ser cuadrados, poligonales o circulares, y están decorados con pinturas coloridas y relieves, cada uno con un diseño único. Por lo general, los de los palacios están tallados con la figura de un dragón chino sujetando una perla, lo que requiere una gran destreza artesanal.

El Muro de los Nueve Dragones Chinos de la Ciudad Prohibida de Pekín

Este muro decorativo de azulejos vidriados muestra a nueve grandes dragones chinos de vivos colores volando entre nubes, agua, montañas y rocas, con una expresión de gracia y majestuosidad. Simboliza la autoridad y la dignidad del emperador, y representa la grandeza imperial, así como el profundo respeto y admiración que el pueblo sentía por el poder imperial durante las dinastías Ming y Qing.

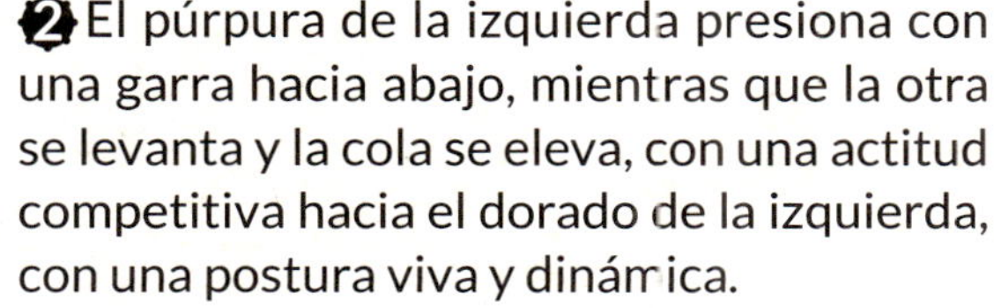

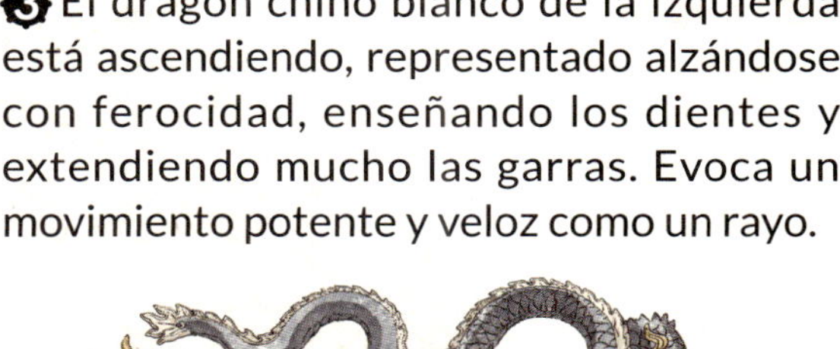

❶ El dragón chino dorado tiene el pecho alzado, el cuello inclinado hacia abajo y las extremidades superiores separadas. Una extremidad inferior se adelanta y la otra se queda atrás, es una pausa antes de avanzar.

❷ El púrpura de la izquierda presiona con una garra hacia abajo, mientras que la otra se levanta y la cola se eleva, con una actitud competitiva hacia el dorado de la izquierda, con una postura viva y dinámica.

❸ El dragón chino blanco de la izquierda está ascendiendo, representado alzándose con ferocidad, enseñando los dientes y extendiendo mucho las garras. Evoca un movimiento potente y veloz como un rayo.

❹ El dragón chino azul de la izquierda es un Dragón Chino Xiang, que mira hacia la cabeza del dragón chino blanco a su lado, como si estuviera jugando alegremente, girando entre el mar de nubes y relajándose.

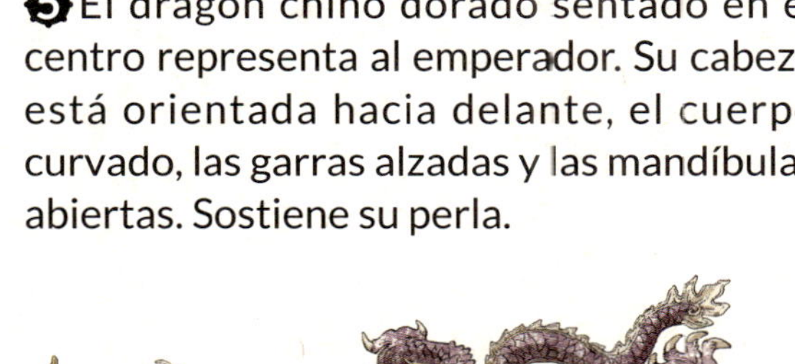

❺ El dragón chino dorado sentado en el centro representa al emperador. Su cabeza está orientada hacia delante, el cuerpo curvado, las garras alzadas y las mandíbulas abiertas. Sostiene su perla.

❻ El dragón chino azul de la derecha también es un Dragón Chino Xiang. Apoya las garras delanteras sobre las olas y alza la cola como si estuviera a punto de saltar fuera del agua, feroz y poderoso.

❼ La cabeza del dragón chino blanco está girada hacia la derecha, sobre su cuerpo. Está despegando y elevándose, como si cabalgara sobre las olas.

❽ El dragón púrpura de la derecha alza la cabeza, eleva el cuerpo y golpea las olas con las garras delanteras, como un majestuoso dragón descendiendo del cielo.

❾ En el extremo derecho hay otro dragón chino dorado. Está inclinado, mostrando un movimiento flexible y una postura de salto entre el mar de nubes.

CUANDO LOS OBJETOS CULTURALES SE ENCUENTRAN CON LOS DRAGONES CHINOS

Existen innumerables registros históricos sobre los dragones chinos, pero la mayoría no ofrece descripciones concretas. En cambio, los motivos de dragones chinos presentes en distintos objetos culturales permiten hacerse una imagen más definida de su aspecto. Piezas de jade, cerámica, bronce, oro y plata, tejidos y otros objetos muestran la riqueza de estilos del dragón chino.

7

❶ Bola de marfil giratoria con motivos de yunlong
Esta exquisita artesanía procede de la dinastía Qing. La superficie de la bola está tallada con múltiples dragones chinos, algunos mostrando la cabeza y otros la cola. En su interior hay también 21 bolas más pequeñas, encajadas unas dentro de otras, que pueden girar capa a capa.

❷ Doble dragón chino de jade amarillo con motivo de nubes
Esta pieza de jade amarillo, de la época de los Estados Combatientes, presenta una parte superior tallada con nubes y una parte inferior con dos dragones chinos enfrentados. Ambos alzan los cuernos, muestran las bocas curvadas y dejan caer las colas: una representación viva y expresiva.

❸ Corona alada de oro
Esta corona alada de la dinastía Ming está meticulosamente elaborada con hilos de oro fino, formando un patrón uniforme y suave. En la parte trasera de la cáscara del sombrero se ven dos dragones chinos jugando con perlas, con formas vívidas y poderosas que irradian majestuosidad.

❹ Espejo de bronce
Este espejo de bronce, de la época de los Estados Combatientes, tiene 16 líneas curvas orientadas hacia el interior en el borde y tres dragones chinos voladores en el centro. Estos tienen cabezas alargadas, patas traseras fuertes, bocas abiertas, cuerpos en forma de S y colas curvas de gran realismo.

❺ Dragón chino dorado caminando
Es de la dinastía Tang, está representado en actitud de caminar. Su cuerpo es esbelto, con la boca abierta, un solo cuerno doblado hacia atrás, una cola que apunta hacia abajo con el extremo curvado, un lomo dentado y un cuerpo cubierto de escamas de pez.

❻ Jarra de bronce «Oda»
De la dinastía Zhou Occidental, está hecha de bronce y tiene un pico rectangular con una cabeza de dragón chino en el centro. Esta cabeza presenta cuernos en espiral, cejas largas, ojos saltones y un cuerpo serpenteante hacia los lados.

❼ Jarrón con motivos de yunlong azul y blanco
Fabricado en la dinastía Ming, este jarrón tiene boca redonda, cuello largo, fondo plano y abdomen oblato. En cada lado hay un dragón chino blanco que camina hacia atrás, lleno de confianza y fuerza.

❽ Jarra de colores con motivos de yunlong
De la dinastía Qing, está decorada con dos enormes dragones chinos que juegan con perlas en el mar. Sus cuerpos se retuercen en forma de S, transmitiendo el poderoso impulso de las olas del océano.

— ¡Qué forma tan singular tiene! Las partes del vientre están unidas, lo que simboliza la paz y la amistad.

Jarra doble de cerámica pintada

Clasificación de los objetos culturales
Los objetos culturales valiosos pueden clasificarse según su antigüedad, material, función y valor. En función del valor, se dividen en reliquias culturales de primer, segundo y tercer nivel. Las más antiguas del primer nivel se remontan al Neolítico, como esta jarra doble de cerámica pintada perteneciente a la colección del Museo de Henan.

Bailar con el dragón chino en el Festival de los Faroles

Las danzas son uno de los momentos más destacados del Festival de los Faroles, que se celebra el día 15 del primer mes lunar. Los faroles con forma de dragón chino, hechos con estructuras de bambú y cubiertos de gasa, se iluminan con velas colocadas en la cabeza y el cuerpo. Hombres los alzan con varas mientras ejecutan una danza. Otras costumbres incluyen adivinar acertijos y disfrutar de los yuanxiao, unas bolas de masa de arroz glutinoso.

Soltar faroles durante el Festival del Levantamiento de la Cabeza del Dragón Chino

Esta festividad tiene lugar el segundo día del segundo mes lunar en zonas ribereñas y se suelen soltar faroles con forma de dragón chino sobre el agua. Las personas fabrican pequeñas barcas con juncos o paja y colocan en ellas velas, o bien usan rábanos a modo de lámparas de aceite. Por la noche, las barquitas se sueltan en el río con las velas encendidas mientras se piden deseos.

CELEBRAR FESTIVALES DEDICADOS AL DRAGÓN CHINO

El dragón chino no solo despliega sus alas en la historia y la cultura popular chinas, sino que también manifiesta su estilo cambiante y su encanto misterioso en numerosos festivales que el pueblo chino sigue celebrando hoy. Estas festividades reflejan el respeto hacia el dragón chino, así como la transmisión de su cultura.

Supremacía en el Festival de los Botes Dragón

El quinto día del quinto mes lunar, China celebra las carreras de botes dragón. Los dragones chinos se colocan en el agua, listos para la carrera, con un disparo de arma que marca el inicio. Los botes largos se mueven como flechas, acompañados por el sonido de fuegos artificiales y tambores, creando una atmósfera festiva y alegre que simboliza la unidad de la línea del dragón chino.

Sacrificio Eterno

El tercer día del tercer mes lunar es un festival para muchos grupos étnicos en China. Cada aldea realiza una ceremonia de sacrificio al dragón chino para rezar por el buen clima y la ausencia de desastres. Tras el sacrificio, los jóvenes de algunos grupos étnicos compiten invitándose unos a otros a cantar canciones en la colina, junto al río o bajo grandes árboles. La escena es espectacular.

—Cuando los chinos celebramos estos festivales, ¡también comemos alimentos deliciosos!

Dumplings

Tortas de primavera

Fideos

Wontons

Comida relacionada con el Dragón Chino

En el Día del Levantamiento de la Cabeza del Dragón Chino (el segundo día del segundo mes lunar), todos comen dumplings llamados «orejas de dragón chino», tortas de primavera llamadas «escamas de dragón chino», fideos llamados «barba de dragón chino» y wontons llamados «ojos de dragón chino». Estos nombres implican que comer estos alimentos llevará a una vida larga, saludable, feliz y sin preocupaciones.

El origen de los 12 signos del zodiaco

Existen diferentes opiniones sobre el origen de los 12 signos del zodiaco. Algunos dicen que aparecieron por primera vez en los pergaminos de bambú de Qin a finales del Periodo de los Reinos Combatientes. Durante la Dinastía Han Oriental, el erudito Wang Chong documentó el zodiaco completo. Más tarde, asociaron los 12 signos del zodiaco con las 12 ramas terrestres, con cada animal correspondiente a una rama diferente, lo que refleja la admiración y la imitación de los animales por parte de los antiguos.

EL SECRETO DEL DRAGÓN Y EL ZODIACO CHINO

El zodiaco chino, compuesto por 12 signos animales, es una forma de llevar el control de los años en la cultura tradicional china. Cada año está representado por un animal en un ciclo de 12 años. Los 12 animales son: la rata, el buey, el tigre, el conejo, el dragón chino, la serpiente, el caballo, la oveja, el mono, el gallo, el perro y el cerdo. Entre ellos, el dragón chino es la única criatura legendaria y divina. Ocupa el quinto lugar y corresponde al «Chen» de las 12 ramas terrestres. La gente a menudo lo llama «Dragón Chino Chen».

—Los 12 signos del zodiaco corresponden a las horas del día y se nombran según el momento en que los animales aparecen y sus hábitos de vida.

Hora:
de 23:00 a 1:00.

Las ratas aparecen casi siempre en torno a la medianoche, por lo que la rata ocupa el primer lugar en el zodiaco.

Hora:
de 1:00 a 3:00.

Los bueyes suelen comer hierba por la noche, por lo que los agricultores se levantan para alimentarlos a esta hora.

Hora:
de 3:00 a 5:00.

Los tigres son el más feroz de los signos y los agricultores suelen oírlos rugir durante este tiempo.

Hora:
de 5:00 a 7:00.

Al amanecer, a los conejos les gusta salir de sus madrigueras para comer su comida favorita: hierba mojada.

Hora:
de 7:00 a 9:00.

Es común la niebla durante estas horas, y las personas podrían imaginar que ven un dragón chino en ella.

Hora:
de 9:00 a 11:00.

Las serpientes son más activas durante estas horas, cuando salen a tomar el sol y buscar comida.

Hora:
de 11:00 a 13:00.

Al mediodía, los caballos salvajes que han corrido mucho suelen relinchar.

Hora:
de 13:00 a 15:00.

Para esta hora, el rocío sobre la hierba ya se ha secado, lo que es un buen momento para pastorear ovejas.

Hora:
de 15:00 a 17:00.

Cuando el sol está al oeste, a los monos les gusta jugar y gritar en el bosque.

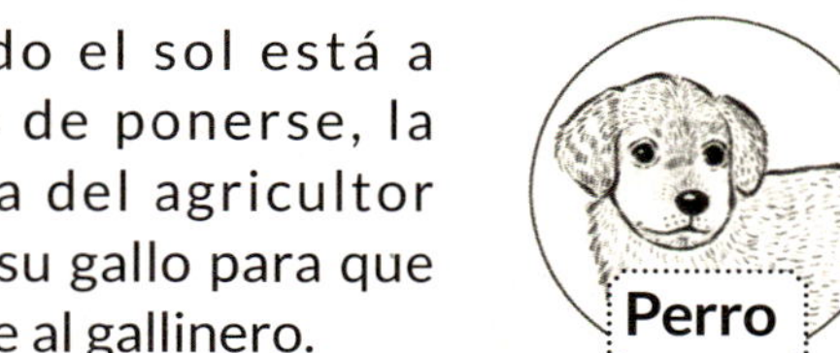

Hora:
de 17:00 a 19:00.

Cuando el sol está a punto de ponerse, la esposa del agricultor busca su gallo para que regrese al gallinero.

Hora:
de 19:00 a 21:00.

Cuando las personas se preparan para descansar, y sus perros se acuestan frente a la puerta para guardarlas.

Hora:
de 21:00 a 23:00.

A los cerdos les encanta comer. La noche es un buen momento para que los cerdos ganen peso.

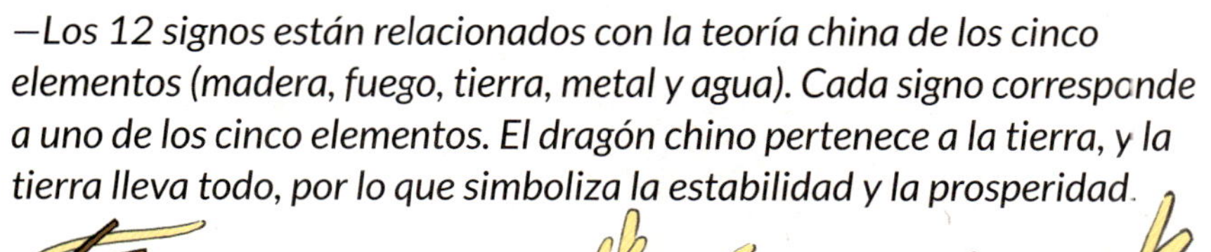

—Los 12 signos están relacionados con la teoría china de los cinco elementos (madera, fuego, tierra, metal y agua). Cada signo corresponde a uno de los cinco elementos. El dragón chino pertenece a la tierra, y la tierra lleva todo, por lo que simboliza la estabilidad y la prosperidad.

Medir el tiempo

El reloj de sol es un instrumento de medición del tiempo que se usaba en la antigua China. Se podía saber la hora del día observando la posición de la sombra proyectada por el sol sobre el dial. Sin embargo, debido a que los relojes de sol dependen de la luz solar, no se pueden utilizar en días nublados ni de noche.

LITERATURA SOBRE LOS DRAGONES CHINOS

Desde la antigüedad, los dragones chinos han estado cargados de múltiples significados positivos y se han convertido en un elemento representativo de la cultura china. Desde la clase imperial hasta el pueblo, desde la astronomía hasta la geografía, y desde los edificios hasta los utensilios y la vestimenta, casi todo está marcado por la cultura del dragón chino. Por eso, no es de extrañar que también los encontremos en expresiones, cuentos, poemas y canciones.

Dragones chinos en los refranes

Las personas suelen usar refranes con la palabra «dragón chino» para describir todo tipo de cosas bellas de la vida. Por ejemplo, «el dragón chino del pueblo» se refiere a alguien con un gran talento, y «el dragón chino y la serpiente vuelan» alude al ímpetu de la caligrafía, cuando el trazo es firme. También se utilizan historias sobre dragones chinos para expresar ideas filosóficas, como «pintar los ojos del dragón chino», que significa hacer algo justo en el momento clave y con la precisión necesaria.

El origen de «pintar los ojos del dragón chino»

Durante las dinastías del Norte y del Sur, el emperador Liang Wu pidió al pintor Zhang Sengyao que dibujase cuatro dragones chinos en las paredes del templo An Le, en Jinling. Los dragones chinos que pintó eran tan realistas que parecían estar vivos, pero no tenían ojos. La gente le pidió que se los pintara, pero él respondió que, si lo hacía, romperían las paredes y saldrían volando. Nadie le creyó, así que Zhang Sengyao accedió a pintarles los ojos.

Ese día, una multitud se congregó frente al muro del templo para presenciar cómo completaba los ojos de los dragones chinos. Cuando terminó el segundo, comenzaron a acumularse nubes negras, acompañadas de truenos, relámpagos y fuertes ráfagas de viento. De pronto, los ojos de los dragones chinos parecieron hacer estallar la pared, y las criaturas ascendieron. Cuando se despejaron las nubes, solo quedaban en el muro los dos dragones chinos ciegos.

Pequeñas historias, gran sabiduría

El refrán «pintar los ojos del dragón chino» nos brinda una inspiración profunda: la clave del éxito reside en el paso final. Al hacer las cosas, no solo debemos centrarnos en los puntos clave, sino también cuidar cada detalle para que el resultado sea perfecto. De lo contrario, puede que todo se venga abajo y el esfuerzo no sirva de nada.

—Existen innumerables expresiones idiomáticas con la palabra «dragón chino», y todas tienen significados diferentes. Algunas son elogiosas, otras neutras, otras despectivas y otras son expresiones comunes sin un sentido especial. ¿Puedes encontrar el carácter de «dragón chino» — 龙 — en cada una de ellas?

Elogiosas	Neutras	Despectivas	Comunes
望子成龙	车水马龙	群龙无首	元龙高卧
龙吟虎啸	来龙去脉	叶公好龙	百龙之智
龙飞凤舞	枯木龙吟	屠龙之技	龙阳泣鱼
卧虎藏龙	岁在龙蛇	攀龙附凤	直捣黄龙
龙腾虎跃	龙潭虎穴	土龙刍狗	痛饮黄龙

Dragones chinos en la poesía china antigua

En la literatura china antigua, los dragones chinos son un tema habitual para los poetas y suelen representarse como seres majestuosos y misteriosos. Su presencia en la poesía no solo tiene una función cultural, sino que también constituye un medio importante para que los poetas expresen sus pensamientos y emociones. El estudio y la apreciación de estos poemas permiten comprender mejor el alto estatus y la importancia cultural de los dragones chinos en la literatura china.

Citas célebres sobre los dragones chinos

En la poesía antigua, hay versos dedicados a los dragones chinos que han resistido el paso del tiempo. Por ejemplo, en «La inscripción de una humilde habitación», Liu Yuxi los compara con personas de carácter noble, convirtiéndolos en símbolos de espiritualidad. En cambio, Mao Zedong presenta al tigre sentado en el trono del dragón chino como una imagen del espíritu heroico del pueblo chino, destacando su capacidad para forjar su propio destino.

El dragón chino más tenaz

《晚登龙门驿楼》（节选）
鱼龙多处凿门开，万古人知夏禹材。
青嶂远分从地断，洪流高泻自天来。
风云有路皆烧尾，波浪无程尽曝腮。

Este poema cuenta que, cuando un pez salta por encima de la Puerta del Dragón y se transforma, su cola se quema por un rayo y se convierte en dragón chino. Esta imagen refleja su perseverancia y expresa también la admiración del autor por Dayu, el héroe que dominó el diluvio, así como su respeto por la fuerza de la naturaleza.

El dragón chino más inspirador

《早秋赠裴十七仲堪》（节选）
双歌入青云，但惜白日斜。
穷溟出宝贝，大泽饶龙蛇。

Li Bai utiliza la expresión «en la lejana costa surgirán muchos tesoros, y en las zonas pantanosas habitan muchos dragones chinos y serpientes» para describir a su amigo, una persona con talento que, a pesar de encontrarse en lo más bajo de la sociedad, alcanzará un éxito al que aparentemente no podría llegar. Con ello expresa su admiración, su ánimo y su afecto hacia su joven amigo.

El dragón chino más devoto

《送僧归日本》（节选）
水月通禅寂，鱼龙听梵声。
惟怜一灯影，万里眼中明。

Este poema honra el espíritu intrépido de un amigo mediante una escena en la que peces-dragón chino saltan de las olas para escuchar la recitación de sutras budistas.

El dragón chino más sabio

《襄阳怀古》
襄阳太守沉碑意，身后身前几年事。
湘江千岁未为陵，水底鱼龙应识字。

En este poema, un dragón chino lee con claridad las inscripciones de una estela sumergida, lo que simboliza que los logros no desaparecen con el paso del tiempo.

El dragón chino más afectuoso

《春江花月夜》（节选）
此时相望不相闻，愿逐月华流照君。
鸿雁长飞光不度，鱼龙潜跃水成文。

Este poema describe a un pez-dragón chino que nada largas distancias, pero no alcanza a su amigo. Solo agita el agua y forma ondas para expresar su añoranza.

El dragón chino más elegante

《塔前古桧》
当年双桧是双音，相对无言老更恭。
庭雪到腰埋不死，如今化作雨苍龙。

El ciprés antiguo, endurecido por las adversidades, sobrevive y se transforma en un dragón chino azul que vuela entre la nieve, con espíritu indomable.

El dragón chino más perseverante

《咏龙诗》
蛟龙潜匿隐苍波，且与虾蟆作混和。
等待一朝头角就，撼摇霹雳震山河。

Este poeta lo utiliza como metáfora de sí mismo, describe con viveza el espíritu del dragón chino Qian y refleja sus ideales políticos y su capacidad de resistencia.

El dragón chino más poderoso

《龙移》
天昏地黑蛟龙移，雷惊电激雄雌随。
清泉百丈化为土，鱼鳖枯死吁可悲。

Han Yu relaciona los desastres naturales con los movimientos de los dragones chinos y lamenta lo insignificante que es el ser humano ante la fuerza de la naturaleza.

LA TRANSFORMACIÓN DEL CARÁCTER CHINO PARA «DRAGÓN»

«Dragón chino» se escribe 龙 en chino, pero no siempre fue así. Su evolución puede dividirse en tres etapas. En la escritura sobre huesos oraculares, era un pictograma que representaba a una criatura divina con cabeza de animal y cuerpo de serpiente. En las inscripciones en bronce, la escritura de sellos y la escritura oficial, el carácter adquirió una forma compleja, con numerosos detalles y adornos en la cabeza y el cuerpo. En la escritura popular y en la escritura simplificada, se eliminaron todos los trazos innecesarios, y la forma del carácter se volvió simple y fluida. Veamos cómo cambió el carácter 龙 en cada etapa.

Escritura en huesos oraculares

El carácter para «dragón chino» en las inscripciones sobre huesos oraculares es: . Si se observa con atención, se puede ver su boca abierta, los dientes expuestos y el cuerpo enroscado. También tiene algo sobre la cabeza. Algunos creen que se trata de los cuernos afilados del dragón chino, y otros que esas líneas se asemejan más a una espina, lo que indicaría tácticas de mano dura.

Escritura en bronce

Durante las dinastías Shang y Zhou, «dragón chino» se escribía así: . La parte superior del carácter tiene cuernos y lleva una corona . Debajo de los cuernos está la cabeza. La boca se abre hacia la izquierda, mostrando dientes afilados . A la derecha se encuentra el cuerpo curvado del dragón chino .

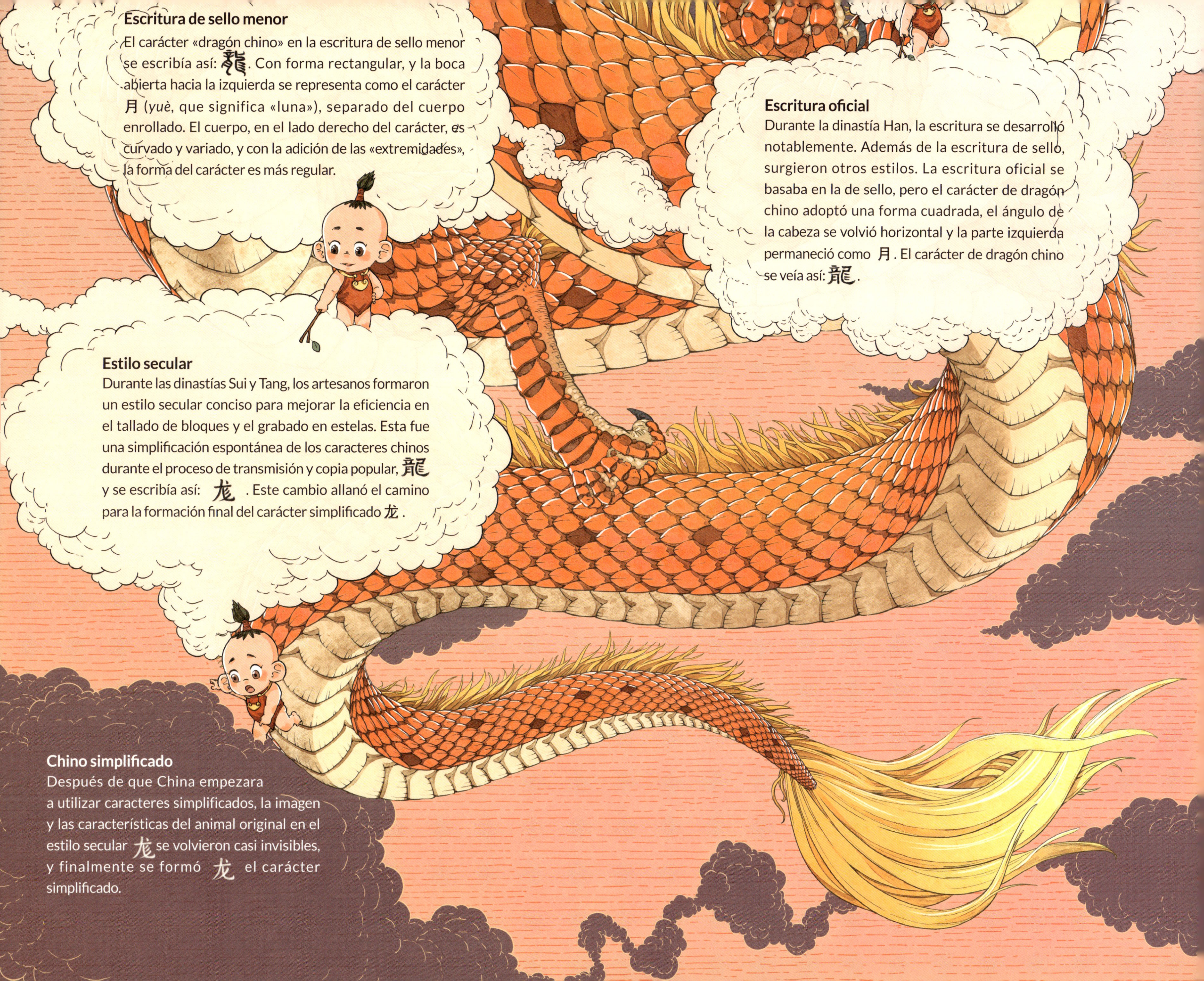

Escritura de sello menor

El carácter «dragón chino» en la escritura de sello menor se escribía así: 龍. Con forma rectangular, y la boca abierta hacia la izquierda se representa como el carácter 月 (*yuè*, que significa «luna»), separado del cuerpo enrollado. El cuerpo, en el lado derecho del carácter, es curvado y variado, y con la adición de las «extremidades», la forma del carácter es más regular.

Escritura oficial

Durante la dinastía Han, la escritura se desarrolló notablemente. Además de la escritura de sello, surgieron otros estilos. La escritura oficial se basaba en la de sello, pero el carácter de dragón chino adoptó una forma cuadrada, el ángulo de la cabeza se volvió horizontal y la parte izquierda permaneció como 月. El carácter de dragón chino se veía así: 龍.

Estilo secular

Durante las dinastías Sui y Tang, los artesanos formaron un estilo secular conciso para mejorar la eficiencia en el tallado de bloques y el grabado en estelas. Esta fue una simplificación espontánea de los caracteres chinos durante el proceso de transmisión y copia popular, 龍 y se escribía así: 龙. Este cambio allanó el camino para la formación final del carácter simplificado 龙.

Chino simplificado

Después de que China empezara a utilizar caracteres simplificados, la imagen y las características del animal original en el estilo secular 龙 se volvieron casi invisibles, y finalmente se formó 龙 el carácter simplificado.

El dragón chino no es solo una criatura mítica que ayudó al Emperador Amarillo a unificar las llanuras centrales y a Dayu a controlar las aguas: también es un espíritu fundamental que ha evolucionado con los cambios de época y la integración de diversas culturas. Al pueblo chino se le conoce como «descendientes del dragón chino» y ha heredado cualidades propias de esta criatura, como la valentía, la sabiduría, la armonía y el amor. Estas cualidades también han influido en su forma de vida y en su actitud ante la existencia.

El dragón chino encarna el espíritu de la nación china: su esencia es profunda e imponente, y ha guiado a las personas hacia el futuro desde tiempos antiguos. Sus seis principales dimensiones inspiran esperanza, fomentan el esfuerzo y animan a la perseverancia.

❶ Innovación y espíritu emprendedor

Se identifica con la innovación constante y es el símbolo del progreso. En la mitología china, figuras como Pangu, creador del mundo; Fuxi, origen de todas las cosas; o el Emperador Amarillo, el unificador de las llanuras centrales, encarnan ese espíritu de avance e innovación propio del pueblo chino.

❷ Inclusión e integración

Está formado por las partes de distintos animales y elementos de la naturaleza. Su cultura del dragón chino asimila influencias externas, enriqueciendo su significado y mostrando así el caracter inclusivo e integrador del pueblo chino, que acoge la diversidad.

❸ Bondad hacia todos los seres

Algunos dragones chinos se consideran responsables de controlar el clima, trayendo la lluvia necesaria para que crezcan los cultivos y alimenten a los humanos. Este espíritu benevolente nos anima a realizar pequeños actos de bondad en nuestro día a día para ayudar a quienes lo necesitan.

❹ Adaptación flexible

Podían ascender al cielo, sumergirse en las profundidades del mar y transformarse sin límites. El pueblo chino ha heredado esa capacidad de adaptación, que le permite afrontar con flexibilidad los desafíos de un entorno en constante cambio, impulsando así una reforma y un desarrollo continuos.

❺ Superación constante

El dragón chino simboliza la vitalidad, el coraje y la perseverancia, y refleja el espíritu resiliente del pueblo. Esta fuerza inquebrantable se transmite de generación en generación, alentando a cada persona a superar los retos y fortalecerse a través de su propio esfuerzo.

❻ Armonía entre el ser humano y la naturaleza

El dragón chino representa el cielo, que en la antigüedad estaba profundamente ligado al mundo natural. Los antiguos proyectaban sus emociones, temores y respeto en la imagen del dragón, dotándolo del espíritu de armonía entre la humanidad y la naturaleza.

El espíritu del dragón chino es un testimonio de la sabiduría china y un valioso tesoro nacional que nos inspira a superar desafíos, afrontar crisis y alcanzar la grandeza. Pero este espíritu no pertenece solo al pueblo chino: también pertenece a todo aquel que conozca al dragón, incluyéndote a ti.

Sobre Shangshang

Shangshang es una editorial china joven y dinámica que se alegra de presentar por primera vez su trabajo al público de habla española.

Aplicamos nuestros conocimientos profesionales para aportar un diseño y un estilo más innovadores y contemporáneos a los libros infantiles. Sin embargo, nuestro público no se limita a la infancia, sino que también incluye a personas adultas interesadas en libros de calidad. Nuestro objetivo principal es convertir los libros infantiles basados en el conocimiento en objetos de colección para todas las edades y crear una experiencia de lectura sin fronteras.

Song Chao, fundador de Shangshang, lleva más de veinte años dedicándose al diseño artístico y al desarrollo editorial. Posee un profundo conocimiento del sector de la literatura infantil y ha dirigido la creación y publicación de cientos de títulos destinados a este público. La empresa cuenta con decenas de personas en su equipo principal y ha colaborado con numerosas ilustradoras e ilustradores de renombre, tanto de China como de otros países, lo que garantiza una creatividad verdaderamente independiente.

El equipo no solo apuesta por la innovación estética y formal, sino que también presta gran atención a la elección de temas y a la experiencia de lectura. En las primeras fases de investigación y desarrollo temático, el equipo creativo propone ideas en función de sus distintos ámbitos de experiencia, y después las edita y depura cuidadosamente. Así conseguimos ese enfoque enciclopédico que caracteriza nuestras obras y que las convierte en piezas valiosas para lectoras y lectores de cualquier edad.